碑林

陕西出版资金资助项目

（珍藏版）

刻在石头上的历史

An Illustration to Vicissitudes of
Xi'an Beilin Museum over Nine Hundred Years

风雨沧桑九百年

图说 西安碑林

碑石（秦—盛唐）

赵力光　编著

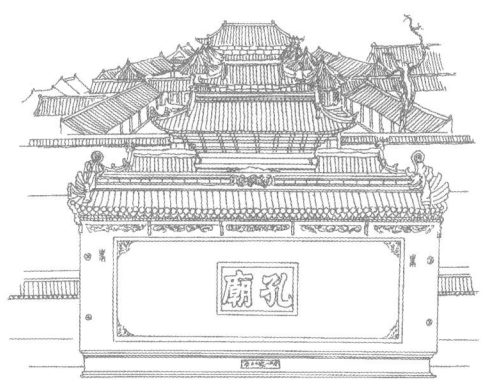

西北大学出版社

图书在版编目（CIP）数据

风雨沧桑九百年 ：图说西安碑林 ：珍藏版. 碑石.
秦—盛唐 / 赵力光编著. --西安：西北大学出版社，
2017.11（2025.9 重印）
ISBN 978-7-5604-3793-4

Ⅰ. ①风… Ⅱ. ①赵… Ⅲ. ①碑刻—介绍—西安
Ⅳ. ①K877.42

中国版本图书馆 CIP 数据核字（2017）第 276319 号

风雨沧桑九百年：图说西安碑林（珍藏版）

碑石（秦—盛唐）

赵力光 编著

西北大学出版社出版发行

（西北大学内 邮编：710069 电话：029-88302621 88303593）

全国新华书店经销 西安奇良海德印刷有限公司印刷

开本：787 毫米×1092 毫米 1/16 印张：15

2017 年 11 月珍藏版 2025 年 9 月第 6 次印刷

字数：112 千字

ISBN 978-7-5604-3793-4 定价：86.00 元

丰碑林立　贞石沧桑

　　人类的文明演进，与石头有着不解之缘。旧石器时代到新石器时代的漫长岁月，"只几个石头磨过，小儿时节"（毛泽东《贺新郎·读史》）。中国最早的文字，萌芽于新石器时代陶器上的刻画符号。商代的甲骨文，是用刀锲刻在龟甲和牛骨上的用于占卜的文字。商周的金文，则铭铸在青铜器上，作为记录历史发展的印记，以期"子子孙孙永宝用"。随着甲骨文的消泯、金文的式微，古人开始以刀笔赋予石头新的历史内涵和艺术生命。碑石作为中国历史文化和文字书法的重要载体，记录了历史的沧桑，折射出文字的嬗变，永载下书法的艺术。

　　关于碑的起源和用途，据《礼记》等古籍记载主要有三种：一是用于宫庙测日影，相当于日晷；二是立于宫庙，用以系牲畜；三是设在墓地，用以施辘轳引下棺。前两种说法在目前的考古发现中尚未见过实物，我们所见之碑，应是循着第三种说法发展演变而来的。

　　中国最早的碑刻文字是春秋战国时期的石鼓文，刻在不太规整的鼓状花岗岩上，被称为"中国碑刻之祖"，也称为"碣"。这些刻石多已毁佚，或仅存残石。到了汉代，碑经过演变与发展，逐渐有了"树碑立传""金石不朽"的文化意义，碑石上开始刻录死者的生卒年月、生平事迹及歌功颂德等文字内容，"凡刻字之石皆曰碑"。西汉的碑较少，树碑之风在东汉时开始盛行。从东汉早期碑石定型以后，碑基本上由碑首、碑身、碑座三部分组成，碑身也有了碑阳和碑阴的区别，碑身的两边则称为碑侧。及至唐代，流行树墓碑、祠庙碑、功德碑等，以记录高官显贵等重要人物的家族世系、官爵功业等。宋代以后，纪事、纪功的碑刻增多，内容涉及文牒、建学、田赋、学规、契约及整修宫城、栈道、河渠、寺庙道观等，还有很多刻帖，内容有文赋、诗歌、杂咏等。

碑刻中的史料内容极为广泛，涉及历史、地理、经济、制度、风俗、宗教、郡望、世系、职官等方面。西安碑林藏秦《峄山刻石》，是秦始皇统一六国后东巡时所刻，以纪功颂德。《邓太尉祠碑》和《广武将军碑》是极为罕见的前秦碑刻，为研究五胡十六国时期关中少数民族的聚居及职官情况，提供了重要的资料。碑林所藏于右任捐献的"鸳鸯七志斋藏石"多为北魏宗室、贵族墓志，对于研究魏晋南北朝的历史有极高的史料价值。于右任在《鸳鸯七志斋藏石记目录》的序中说："每览志文，于征伐官制诸端，可补前史之疏漏，于氏族可考南北播迁之原委，于文辞可增列代骈散之别录，于书法可知隶楷递变之途径。学者寻绎史材，且不止此，亦治文史者之一助也。"《孔子庙堂碑》载唐武德九年（626），太宗皇帝立孔德伦为褒圣侯，并兴修长安孔庙之事。这是碑刻所见关于唐长安孔庙的最早记载。《大秦景教流行中国碑》记录了基督教教派聂斯托利派于贞观年间第一次传入中国的情况。此碑记录了景教的教规教义，碑文中还刻有古叙利亚文的僧众官职与人名，是中西文化交流最重要的实物见证。碑刻资料是第一手史料，具有原始性，因而其史料价值为历代治史者所珍视。

此外，碑石还是书法艺术的重要载体。文字与书法的嬗递演化经甲骨文与金文进而承载于碑石，即所谓"竹帛易亡，金石永存"。西安碑林，丰碑如薮，墓志众多，其铭刻形式多样、各种书体兼备，既有鲜明的时代风采，亦有浓郁的个人风格，构成了一部石刻中国书法史。馆藏秦《峄山刻石》虽系宋代重刻，但仍保留了原石书法的风貌，因此弥足珍贵。东汉《曹全碑》是汉碑中的佳作之一。西晋《徐君夫人菅洛墓碑》、前秦《邓太尉祠碑》《广武将军碑》、后秦《吕他墓表》是十六国时期罕见的碑版。《元桢墓志》《穆亮墓志》为魏碑书法的典型风格。唐代，书家辈出，名碑众多，使这一时期成为中国书法史的高峰。初唐时有欧阳询《皇甫诞碑》、虞世南《孔子庙堂碑》、褚遂良《同州圣教序碑》，另有僧怀仁《集王羲之书圣教序碑》。盛唐时有颜真卿《多宝塔感应碑》《颜勤礼碑》《颜氏家庙碑》。晚唐时有柳公权《玄秘塔碑》等。唐代书法除楷书大放异彩外，其他书体也成就斐然。如隶书，有唐玄宗李隆基《石台孝经》、梁升卿《御史台精舍碑》、史惟则《大智禅师碑》等；篆书有《三坟记碑》《栖先茔记碑》等；草书有张旭《肚痛帖》《断千字文》、怀素《东陵圣母帖》等。宋代以后，书法墨迹颇多，且刻帖兴盛，有宋太宗《淳化阁帖》、宋徽宗《大观圣作碑》、苏东坡集陶渊明《集归去来辞诗》、赵孟頫《游天冠山诗碑》等。明清书法以王公大臣、书法名家的刻帖为多，有明董其昌《徐翼所公家训》、崇祯帝《赐杨嗣昌诗碑》，清康熙帝临董其昌《宁静致远碑》、林则徐《游华山诗碑》等。民国期间，于右任以其深厚的书法功底，博采众家之长，有《正气歌碑》等碑流传。碑石作为古代文字的一种特殊载体，不仅记录了文字发展演变的历程，还为研究、学习当时的书法艺术提供了非常珍贵的实物资料。

除书法作品外，西安碑林博物馆还藏有很多石刻图画。石刻图画是一种独特的艺术形式，它以刀代笔，融绘画与雕刻技艺于一体，突出反映了中国传统绘画中以线条造型为主的特点。西安碑林馆藏有宋至清代的线刻图画，其内容丰富，包括山水风景、花卉鸟虫、释道人物等，有唐吴道子《观音像》，宋《王维画竹》，清《达摩东渡图》《达摩趺坐图》《关帝诗竹碑》《魁星点斗碑》《关中八景图》等。

西安碑林博物馆所藏碑石品种繁多、丰富多彩，除摩崖刻石在山崖上外，基本完备，而且其时代序列完整、各种书体完备，可谓历史文化深厚、书法艺术精美，因此被誉为"历史文化宝库""书法艺术殿堂"。让我们透过这些斑驳的碑石，感受历史的沧桑，领略古代书法的魅力，探寻碑石背后的故事……

目　录

II

峄山刻石

《峄山刻石》又称《峄山碑》《秦始皇登峄山纪功刻石》等。此碑圆首方座，通高 218 厘米、宽 84 厘米、厚 16 厘米。碑石前后两面刻文，一面 15 行，满行 15 字，篆书。原石立于山东峄县，毁于北魏时期。现存于西安碑林博物馆的《峄山刻石》，是北宋淳化四年（993）郑文宝根据五代南唐徐铉摹本翻刻于京兆孔庙的，世称"长安本"。此碑在明末地震时中部断裂，个别字残损，余皆清晰。

公元前 221 年，秦王嬴政统一六国，建立起中国历史上第一个统一的专制主义中央集权的国家。为巩固政权，秦始皇进行了一系列改革：废除分封，建立郡县，中央和地方的重要官员均由皇帝直接任免，延续了两千多年的中国封建官僚政治制度由此奠基；书同文，车同轨，统一货币和度量衡，还颁布了严苛刑罚的《秦律》；为了扩张和巩固帝国的疆域，他筑长城、修驰道，还从内地把大批人口迁往边境，以加强边防力量，开发边郡人口；为了强化思想统治，他焚书坑儒，实行文化专制主义。秦王朝加强中央集权的各项措施，奠定了中国封建社会统一的基础。正是在这个基础上，我们这个统一的多民族的国家才一步步发展起来，直到今天。

根据史书记载，秦始皇从登基后的第二年开始，先后五次出巡，一是为了巡视秦国疆土；二是为了向百姓昭示皇权。在五次出巡中，秦始皇特别于泰山、琅琊等七处巡历地点刻石述德。而《峄山刻石》正是他首次东巡郡县，上峄山时所刻，是秦刻石中最早的一块。碑阳镌刻颂扬秦始皇功绩的文字，文辞整饬简洁，读来朗朗上口；碑阴刻有秦二世诏书和郑文宝题记。秦始皇刻辞为：

皇帝立国，惟初在昔，嗣世称王。讨伐乱逆，咸动四极，武义直方。戎臣奉诏，经时不久，灭六暴强。廿有六年，上荐高号，孝道显明。既献秦成，乃降专惠，亲巡远方。登于峄山，群臣从者，咸思攸长。追念乱世，分土建邦，以开争理。功战日作，流血于野，自泰古始。世无万数，陀及五帝，莫能禁止。乃今皇帝，一家天下，兵不复起。灾害灭除，黔首康定，利泽长久。群臣诵略，刻此乐石，以著经纪。

《峄山刻石》传为李斯所书，他的书法古雅妍妙，为后世敬仰。而郑文宝重刻《峄山刻石》的目的，也是为了书法欣赏，他不忍见李斯小篆之"神踪将坠于世"。自北宋郑文宝重刻《峄山刻石》于长安后，历代据此翻刻本颇多，但以西安碑林的"长安本"年代最早、摹刻最精，被公认为是目前书法界的最佳摹本。

因此，可以说，《峄山刻石》不仅是研究中国文字史和书法史的珍贵资料，还弥补了史籍之缺，具有重要的史料价值。

峄山刻石拓片

皇帝立國，維初在昔，嗣世稱王。討伐亂逆，威動四極，武義直方。戎臣奉詔，經時不久，滅六暴強。廿有六年，上薦高號，孝道顯明。既獻泰成，乃降專惠，親巡遠方。登于繹山，群臣從者，咸思攸長。追念亂世，分土建邦，以開爭理。功戰日作，流血於野，自泰古始。世無萬數，阤及五帝，莫能禁止。廼今皇帝，壹家天下，兵不復起。災害滅除，黔首康定，利澤長久。群臣誦略，刻此樂石，以著經紀。皇帝曰：金石刻盡始皇帝所為也，今襲號而金石刻辭不稱始皇帝，其於久遠也，如後嗣為之者，不稱成功盛德。

《熹平石经·周易》残石

石经，即刊刻在石头上的经书，其内容大多为儒家经典。《熹平石经》因于东汉熹平四年（175）刊刻而得名。东汉末年，蔡邕等人为正定六经文字，奉诏以隶书一体写成《熹平石经》。《后汉书·蔡邕传》载："邕以经籍去圣久远，文字多谬，俗儒穿凿，疑误后学，熹平四年，乃与五官中郎将堂溪典、光禄大夫杨赐，谏议大夫马日磾、议郎张驯、韩说，太史令单飏等，奏求正定六经文字。灵帝许之，邕乃自书丹于碑，使工镌刻立于太学门外。于是后儒晚学，咸取正焉。及碑始立，其观视及摹写者，车乘日千余两，填塞街陌。"石经内容有《周易》《尚书》《鲁诗》《仪礼》《春秋》《公羊传》《论语》七种经书，计46石，共20余万字，刻成后立于洛阳太学讲堂之东侧。儒生们对这重新刻好的七块经文顶礼膜拜，奉为圭臬，前来观看、摹书的盛况可谓空前绝后。由此可见，刊刻石经意义之重大、影响之深远。

《熹平石经》刻成的第二年即中平元年（184）便爆发了黄巾起义，中平六年（189）又发生董卓之乱，刚刚即位的汉献帝和他的朝廷，以及洛阳的百姓被迫西迁长安。洛阳城中，宫庙官府毁于大火，立于太学内的石经也遭到了破坏。晋室东迁后，石经的厄运也开始了。北魏初，相继担任洛州刺史的冯熙、常伯夫竟取太学石经做建筑材料。东魏武定四年（546），石经由洛阳迁往邺城，至河阳逢河岸崩塌，部分石经没入河中，至邺城时剩余石经不到一半多。北周大象元年（579）

《熹平石经·周易》残石拓片

位于天德亢龍有悔與
龍以御天也雲行而
君德也九二重明興四
曰見其明興四蹭合
進邊宇它而不共其也

重修洛阳旧都，余下的石经又被运回洛阳。隋开皇六年（586），又将石经运至长安。待到唐贞观初年魏徵收集石经时，已十不存一了。《熹平石经》就这样在一次次的迁徙和人为破坏后毁失殆尽，仅存残石碎片。宋代以后陆续有残石出土。据统计，目前已发现的《熹平石经》残石共有9000余字，分别由上海博物馆、河南省博物院、西安碑林博物馆及"台北国立历史博物馆"收藏。

西安碑林珍藏的这件《熹平石经·周易》残石1929年出土于河南洛阳汉魏太学旧址，后由于右任先生花重金从古董商手中买下，1938年同鸳鸯七志斋藏石一起捐赠给西安碑林。抗战期间该石经曾移藏陕西富平，1952年重新入藏西安碑林。这件残石高33.5厘米、宽62厘米。它两面刻字。正面余字28行，有可识者246字，刻《周易·下经》中"家人"至"小过"二十六卦部分文字；背面余字20行，有可识者191字，刻《周易·系辞》下传及"文言""说卦"两传部分文字。这块残石共得字437个，在当时出土的《熹平石经》残石中属存字较多者，其珍贵自不待言。

《熹平石经》的书法艺术历来受到人们的高度评价，书者蔡邕功不可没。蔡邕（132—192），字伯喈，陈留郡圉（今河南杞县南）人，是东汉时期著名的文学家、书法家。蔡邕的书法在当时最受推崇，他潜心写著的《九势》《笔论》和《篆书势》是我国最早的关于书法的论文。《熹平石经》是蔡邕流传至今的唯一真迹，在我国文字史和书法史上具有无可替代的重要地位。

曹全碑

在民国以前，西安碑林收藏的汉代碑石极少，新中国成立后才陆续增藏了几通，《曹全碑》即其中最著名者。

《曹全碑》刻于东汉灵帝中平二年（185），全称《汉合阳令曹全碑》，无撰、书者姓名。碑呈竖长方形，无额，通高272厘米、宽95厘米。碑两面刻字，均为隶书。碑阳20行，行45字。碑文从曹氏起源开篇，记载了曹全的家族世系及其征讨疏勒、平定黄巾军起义、安抚百姓、扩建官舍等相关史实。碑阴5列，每列字数不等，皆属为曹全竖立丰碑的合阳县吏所刻。

《曹全碑》是一方饱经风雨的汉石之宝。此碑于明万历初年由陕西合阳县旧城村人掊土得之。湮没了一千三百余年之后重现于世的《曹全碑》，依然精细黑明，如涂油脂，光可鉴人。不久此碑就被移入今合阳县城文庙内，露立风雨之中，不曾遮蔽。之后曾有两次机缘迁入西安碑林，但最终因种种原因未果。抗战期间，合阳一地曾遭日军轮番轰炸，《曹全碑》幸经雍土筑窑，就地保护起来，得以安然无恙。直至1956年入藏西安碑林。

曹全，字景完，敦煌效谷人也。曹参后裔。其高祖父敏，孝廉，武威长史；曾祖父述，孝廉，金城长史；祖父凤，孝廉，北地太守；父琫，早逝。曹全可谓出身于敦煌名门望族，他本人以戎马军功显迹于河西边郡。东汉建宁二年（169）举孝廉，任郎中，拜西域戊部司马。后率兵征讨疏勒国，杀其王和德，迁右扶风槐里令，但不久因胞弟惹祸受到牵连，弃官入狱。直至光和六年（183）复举孝

曹全碑

曹全碑迁移现场老照片（一）

廉。次年爆发了规模极大的黄巾军农民起义，中原板荡，给处于风雨飘摇中的东汉王朝带来了致命的威胁。而此时合阳县民"郭家等复造逆乱，燔烧城寺，万民骚扰，人里不安，三郡告急，羽檄仍至"（《曹全碑》）。曹全在此危难之时受命任合阳令，对黄巾军实施了军事镇压。《曹全碑》便是合阳属地县吏为歌颂、纪念曹全此举，以及曹全在位期间廉政爱民的行为，所竖立的不朽丰碑。

　　《曹全碑》是保存汉代隶书字数较多的一通碑刻，在汉碑中独树一帜，极负盛名。此碑初不显于世，掩埋于地下千百余年，一朝出土，风靡一时，数百年来一直为金石家和书法家所钟爱。碑文隶书风格秀丽典雅、简静雅和，章法整肃宁静、纵行横列、井然有序，用笔刚柔相济、藏多于露、圆多于方，含蓄中时见波磔露锋的飘逸笔韵，可谓汉隶之中圆笔书写的典范之作。从整体而言，《曹全碑》含蓄秀逸，寓刚于柔。后人称赞此碑书法像"风流自赏的三河少年，

曹全碑迁移现场老照片（二）

文雅可爱的兰闺玉女"。

明赵崡《石墨镌华》赞誉："碑文隶书遒古不减《卒史》《韩敕》等碑，且完好无一字缺坏，真可宝也。"明郭宗昌《金石史》云："书法简质，草草不经意，又别为一体，益知汉人结体命意，错综变化，不衫不履，非后人可及。"清代张廷济称赞此碑"貌如罗绮婵娟，神实铜柯铁干"。清孙承泽《庚子销夏记》评曰："字法遒秀，逸致翩翩，与《礼器碑》前后辉映，汉石中之至宝也。"清方朔《枕经堂金石书画题跋》曰："此碑波磔不异《乙瑛》，而沉酣跌宕直合《韩敕》。正文与阴侧为一手，上接《石鼓》，旁通章草，下开魏、齐、周、隋及欧、褚诸家楷法。实为千古书家一大关键。"清代学者万经更形容此碑"书法秀美飞动，不束缚，不驰骤，洵神品也"。

旬時並動而縣良郭家等禔

戔轉拜郤陽令收合餘爐芟

置郵糴棄賜瘴旨大女桃斃

水尖百娃緱負及旨收民郭

而治庶退於學錄者伇負瘴令縣

門下掾使學尚錄事掾儒之者大合家

懿明后德義單貢並建沚畢規興雲桃爐等

思王程造戢婓芟禔

氏齊素漢之際曹眾夾輔王
敦煌枝葉蕖布所在為雄君
蕤陽爺蜀郡西部都尉祖又
不牟早世是以位不副德君
匕之敬禮無遺關息以鄉人
職上計掾史仍碑涼州常為
一耒舉孝廉除郎中拜西域
城堅戰謀若涌泉慶年諸賁

▍仓颉庙碑

　　《仓颉庙碑》原立于陕西省渭南市白水县城东北 35 千米的史官镇，为纪念传说中汉字的创造者仓颉而立，1971 年从仓颉庙移入西安碑林。碑石刻于东汉延熹五年（162），高 160 厘米。碑文 24 行，计 910 余字。此碑为上锐下方的尖首形碑，上穿一圆孔，因形似玉圭而得名"圭首碑"。由于年代久远，碑文已漫漶不清，但尚能从碑面上感觉出汉隶古朴厚实的气息，也能依稀辨出"仓颉天生德"等应是记述仓颉功德的文字。

　　传说，在远古时代还没有文字的时候，人们主要靠"结绳记事"的方法来记录发生过的事情。但是，这种靠在绳子上打结的记事方法总是不够方便，而且也不易保留。当时仓颉作为黄帝的史官，虽然天生睿德，长有四个眼睛，可由于需要记录的事情太多，难免会出现差错。在一个大雪纷飞的冬天，仓颉独自在雪中漫步，当他看到雪地上留有鸟兽的爪印时，感到非常好奇，又无比兴奋。他停下脚步细细观察，在不断描摹中深受启发。于是，他每日仰观日月星辰的变化，俯察鸟兽鱼虫的行迹和草木器皿的形状，久而久之便根据自然界事物的形象创造了中国最早的文字。仓颉造字的行为是一件惊天动地的大事，黄帝在春末夏初之时发布诏令，宣布仓颉造字成功，并号召天下百姓共同学习。就在这一天，下了一场不平常的雨——谷雨，从此世间万物再没有什么秘密，鬼怪因无法藏匿踪迹，吓得在夜晚哭泣。这便是"天雨粟，鬼夜哭"的来历。

　　文字的出现令人们的思想变得丰富广阔，生产力、创造力也得以增强，真正

仓颉庙碑

开始了人们对天地神秘事物的揭示与记载。从此，人们开始在每年的这一天祭拜仓颉，纪念他的伟大贡献，并把这天命名为二十四节气之一的"谷雨"，象征着"播谷降雨，雨生百谷"。仓颉创造了文字，改变了结绳记事的方法，奠定了人类文明的基础。然而，仓颉造字仅仅是个传说。事实上，文字的产生应经历了相当长的时间，是集中了无数人的智慧才逐步完成的，而仓颉可能只是汉字的整理者。

西安碑林收藏的这件《仓颉庙碑》的造型非常独特，其圭形的碑首和圆形的碑穿为我们展现了早期碑石的形制和作用。此外，这方碑石的书法质朴秀丽，是非常典型的汉隶碑刻，可谓珍品。

仓颉庙碑拓片

仙人唐公房碑

在陕西省汉中市城固县有一个非常有名的村子，名曰"升仙村"。在这北依秦岭、东临湑水河的村子里，发生了"一人得道，鸡犬升天"的故事。而西安碑林收藏的这方《仙人唐公房碑》则记录了这个故事。

碑文记述了汉王莽时期的居摄二年（7），汉中郡郡吏唐公房偶遇一位真人，他对其十分恭敬又虔诚侍奉，还拜真人为师。真人被他的行为所感动，便赐予他仙药。服药后的唐公房，不仅能知鸟兽语言，而且离家百余里，也能转瞬即还。乡亲们觉得他十分怪异，就告知汉中郡郡守。郡守得知此事后，便向唐公房学习道教仙术，可总是学不会。郡守认为唐公房不诚心教他，便准备捉拿唐公房一家。唐公房见此情景，立即将此事告诉了他的道师。道师不仅给了他仙药，还将仙药撒向唐公房家的房前屋后。不一会儿，云雾骤起，唐宅拔地升空，唐公房和妻子儿女及六畜、房屋一起飞升而去。这便是成语典故"一人得道，鸡犬升天"的来历。此后，东汉汉中太守郭芝为唐公房立庙称唐公祠，东汉汉灵帝为其刻石，名《仙人唐公房碑》。清康熙年间，署城固县事王穆在唐仙观附近的草丛中发现此碑，将其嵌在唐仙观的墙上，令众人得以观之。

《仙人唐公房碑》高 202 厘米，宽 67 厘米。碑文 17 行，满行 31 字，共 507 字。碑石上有碑穿，圆形碑首上刻着三条弧形的浅槽即碑晕。碑穿、碑晕实际上是早期碑刻形制的遗存。早期的碑首基本上可以分为三种，即圭形碑首、圆形碑首和方形碑首。圆形碑首的出现相对要早于圭形碑首。一般多在碑首凿出几条弧

仙人唐公房碑

形的浅槽，据说是用来羁勒从碑穿中伸出的粗绳的。后来随着碑石的演化发展，碑晕失去了它的实用功能，但仍被留在碑首，渐渐演变成一种装饰性的纹样。再后来，从晕纹的两端雕出垂下的龙夔，而弧形的晕不再是简单的线条，变成造型简洁的龙身。之后，龙身出现片片鳞甲，雕工也越来越精湛、细腻。圭形和圆形碑首，经过魏晋南北朝的演化发展，逐渐结合在了一起。及至隋唐，碑首定型为由蟠螭盘结而成的中间有圭状碑额的半圆形式样。所谓蟠螭，就是螭龙，是一种黄色而无角的龙。《仙人唐公房碑》体现了汉碑形制的典型特征，它为我们了解中国古代碑刻形态的演变和发展提供了宝贵的实物资料。

此外，这方东汉时期的碑石因书法奇特，在历代的金石书籍和地方志中多有著录。令人惋惜的是，因为刊立的时间较早，到唐宋时碑文已经漫漶，时至今日碑文已分辨不清了。

仙人唐公房碑拓片

‖三体石经

　　《三体石经》刻于三国魏正始二年（241），因碑文每字皆用古文、小篆和汉隶三种字体写刻，故名。石经刻有《尚书》《春秋》和部分《左传》，是继东汉《熹平石经》后刊刻的第二部石经。刻本笔体与结构都很规正，因此常为初学者取作范本。

　　刊刻石经的主要目的是弘儒训，以重儒教。此外，石经文字还有校正文献内容、文字与书体的功用。《魏书·列传术艺》载："又建《三字石经》于汉碑之西，其文蔚炳，三体复宣。校之《说文》，篆隶大同，而古字少异。"又《魏书·刘芳传》记："昔汉世造三字石经于太学，学者文字不正，多往质焉。"石经刻成后，全国各地学生纷纷前来校拓，对其时文化的保存和发展起到了很大的作用。

　　《三体石经》刻成后，与东汉《熹平石经》并立于洛阳太学。自西晋永嘉五年（311）永嘉之乱始，王弥、刘聪陷洛阳，"焚二学"（《晋书·王弥传》），石经应有所损毁。从《魏书·冯熙传》所记"洛阳虽经破乱，而旧三字石经宛然犹在，至熙与常伯夫相继为州，废毁分用，大至颓落"，可知北魏时石经已被严重损毁，七零八落地分散了。东魏武定四年（546），移洛阳汉魏石经于邺。北周大象元年（579），又自邺还徙洛阳。隋开皇六年（586），又自邺京载入长安，置于秘书内省。后唐代魏徵收聚石经时，已十不存一。《三体石经》与《熹平石经》有着相同的命运，它亦在一次次的迁徙和人为破坏后毁失殆尽，我们今天能看到的只是

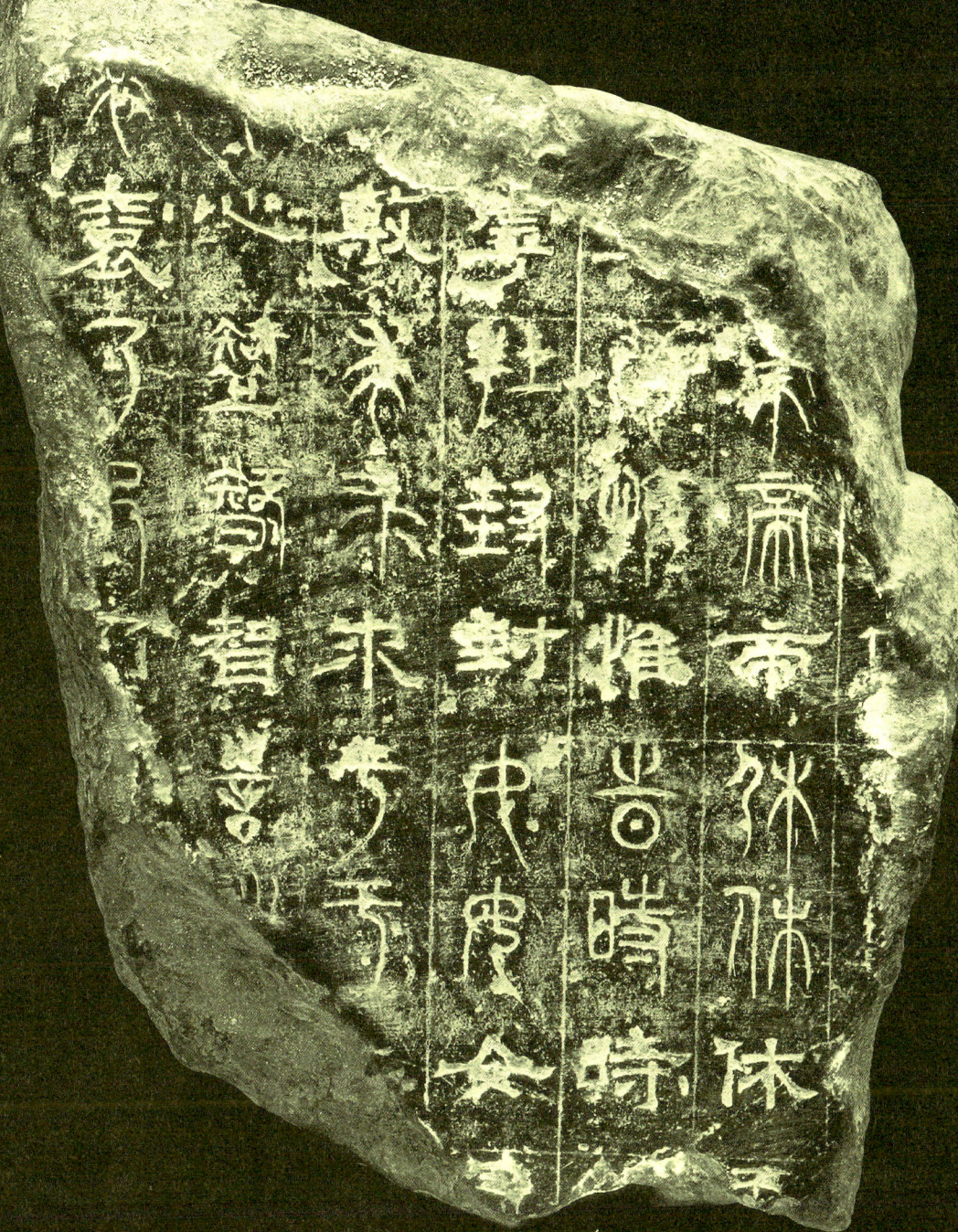

三体石经

流落于各地的残石。

西安碑林博物馆藏《三体石经》残石，一面刻《尚书》，一面刻《春秋》。此残石于 1957 年 6 月在西安北大街青年路施工时被发现，何时何故埋藏于此地则未知，遂入藏西安碑林，为碑林增色。

由于《三体石经》碑文不同于《熹平石经》仅用隶书一体，而是以古、篆、隶三种不同的字体写刻而成，因此在中国书法史和汉字的演进发展史上具有非常重要的意义。特别是古文一体历来为人们所尊崇。北宋郭忠恕著《汗简》引用《三体石经》中的古文 122 字，夏竦著《古文四声韵》引用石经古文亦达 114 字。

关于《三体石经》的书写者，有邯郸淳、卫觊和嵇康诸说，但无定论。邯郸淳是汉魏时期著名的书法家，南梁袁昂在《古今书评》中评其书"应规入矩，方圆乃成"。卫觊亦是一代书法名家，刘宋羊欣《采古来能书人名》称他"善草及古文，略尽其妙。草体微瘦，而笔迹精熟"。嵇康的书法也很有名，尤精草书。唐人张怀瓘《书断》谓："叔夜（嵇康字）善书，妙于草制。观其体势，得之自然，意不在乎笔墨。"

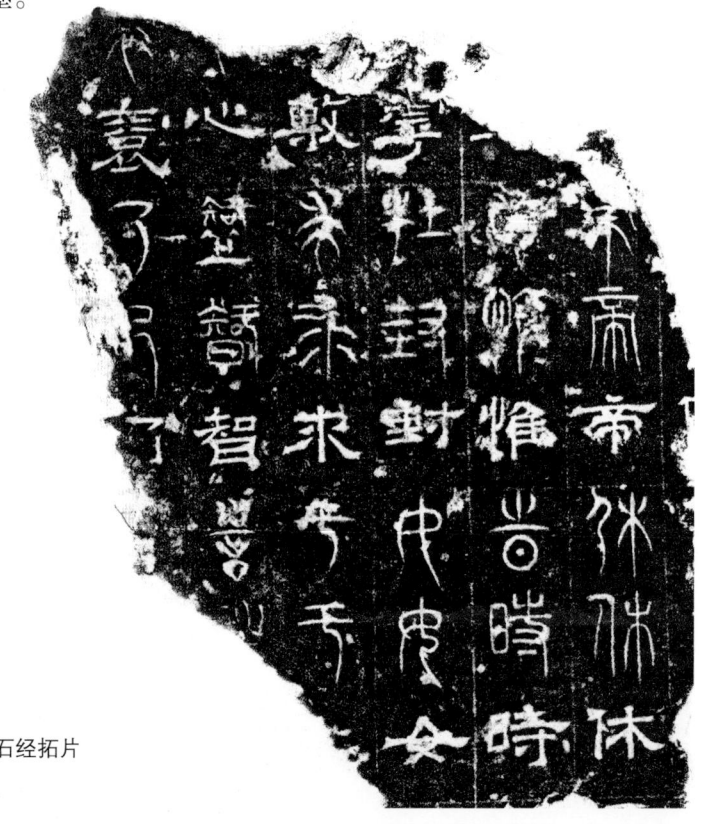

三体石经拓片

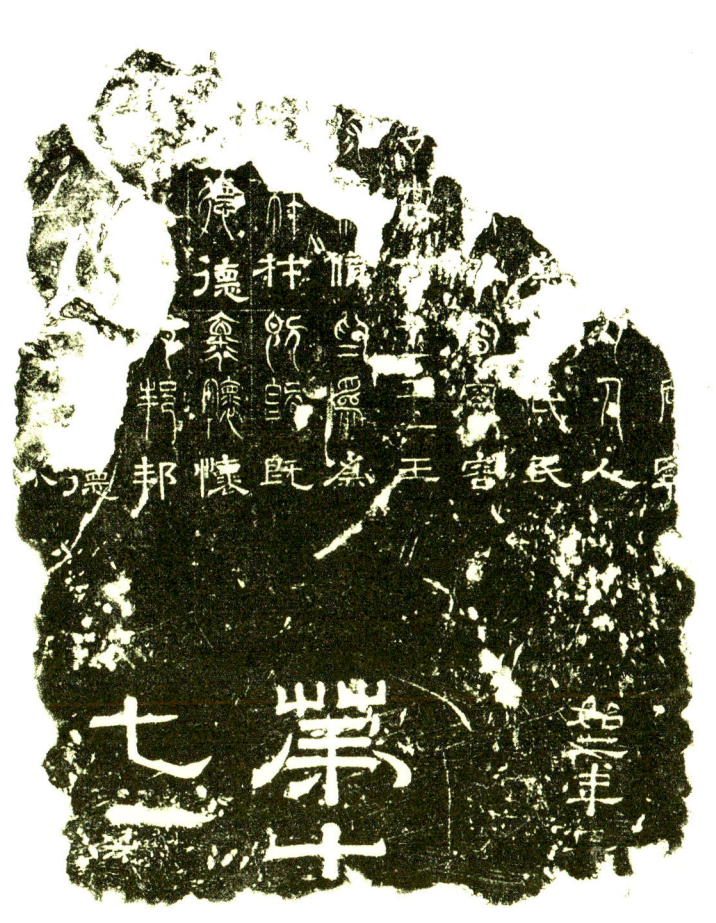

三体石经拓片

徐君夫人菅洛墓碑

所谓"碑"，许慎在《说文解字》中注释为"竖石也"。最初的碑本来只是一块无字的大石板，上端中间穿一个圆孔。古人在办丧事时，把石板直立在墓穴四角上，利用它扣牢粗大的绳索，慢慢把棺材放下去。此外，古代公卿大夫的家门口也常有直立着的用来系马的石头，也就是后世的拴马桩。宗庙祠堂前也常立石用来拴住祭祀用的牲畜。这些石头总名曰"碑"。大约到了西汉晚期，用来办丧事的这些石板直接被放在墓前，上面刻着记述死者姓名、官职、卒葬年月等的文字，不再撤除。到东汉时，这类刻于石板上的文词逐渐多了起来，它较为详细地记述了墓主的名讳和生平家世，以及一些赞扬和悼念的颂辞。这样的石板，被称为墓碑。至此，碑的字义发生了改变——凡是刻有文字的石板才可称之为碑，不刻文字的反而不算碑了。此后，在墓前竖立墓碑的风气渐渐蔓延开来，愈演愈烈。

曹魏时期为了遏制东汉以来厚葬的习俗和私家立碑的风气，开始实行严格的禁碑政策，碑刻尤其是墓碑的数量较前骤减。西晋取代曹魏后实行了更为严厉的禁碑政策。晋武帝在咸宁四年（278）下诏重申碑禁。《宋书·礼二》载："此石兽碑表，既私褒美，兴长虚伪，伤财害人，莫大于此。一禁断之。其犯者，虽会赦令，皆当毁坏。"晋武帝这道碑禁诏令比曹魏时还要严厉，外加西晋帝王一如曹操那样实行薄葬，甚至一度取消谒陵的祭礼，于是民间出现了一种变通的对策——人们把原来

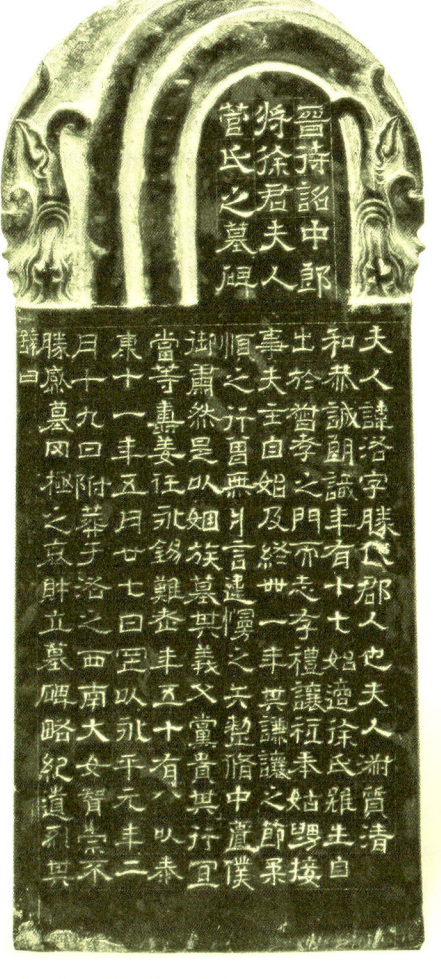

晉時詔中郎
將徐君夫人
菅氏之墓碑

夫人諱勝字勝任郡人也夫人淵質清自
和恭誠朗識之門有卜七娼適徐氏姑生自
生於曾洛之門而志一字禮讓祖奉中置接
事之主自姻族遠懷之六禮讓謙讓其整行宜僕
御等蕭然行是以永錫難恭其義父當貴其以奉
當等妻養是任永錫難恭丰五十有八永平元
月十一年五月廿七曰巴以永平元丰二不
東十九曰墓側栖樹于洛之西南大女賢崇其不
騰曰原墓岡柩附之墓肝立墓碑略紀道烈其

徐君夫人菅洛墓碑（碑陽）

皇靈誕育惟嶽絳猜猗與
夫人秉德淵清聰朗內識
接物以誠曰吊仁者壽當享
百齡宅寵永即幽寔遺孤
卜茲細旅涕零千秋萬歲
号吪迴形嗚呼哀哉
阿時湏形嗚呼哀哉

徐君夫人菅洛墓碑（碑陰）

立在墓前的墓碑铭刻在小型的石碑上，埋入墓穴，以替代立于墓前的墓碑，这也是后来墓志的起源。只可惜西晋八王之乱后，宗室诸王互相猜忌残杀，拥兵自重的宗室往往擅自立碑，墓前竖碑之风又乘势而起，朝廷所下的碑禁诏令成为一纸空谈。

《徐君夫人菅洛墓碑》刻于西晋永平元年（291），高59厘米、宽25厘米。圆首形的碑额内刻"晋待诏中郎将徐君夫人菅氏之墓碑"，隶书。碑阳11行刻正文，记述了徐夫人生卒年月及毕生懿德，碑阴7行刻颂辞，均为隶书。

早期的碑，碑额和碑面是连在一起的整块石板。汉碑比较矮小。魏晋以后，碑的规模愈来愈高大。而到了唐代，碑的制作愈加精细，碑额和碑面用两块石板刻成后再予装配。这件《徐君夫人菅洛墓碑》的造型就是由汉碑蜕变而来的，其碑额和碑面浑然一体。碑额呈螭首半圆形，上有三条弧线碑晕，雕刻略显简括。西晋的碑刻极为罕见，因而这件墓志堪为中国墓葬习俗中地上墓碑向地下墓志过渡的代表性石刻，是一方见证了早期墓志形态的珍贵文物。

《徐君夫人菅洛墓碑》的书体仍系汉隶风格，但点画已不再恪守隶书严谨之风貌，横竖画里间作方笔，大小不一，字形长短不齐，显现出向魏碑楷书转化的趋势。

夫人諱洛，字滕□，□郡人也。夫人□徐氏，□質清自
和恭，誠朗識丰，有十七，始遷人
出於晉，自孝及門，而有郡人婚姻徐氏，姑舅接
事夫主，曾姻終志，一李禮讓，遵奉姑舅粟
順之蕭然，是以無姻，言終世一，志李之丰其
御肅然行，曾自□及門，終一李禮讓遵循謙讓之中宜僕
當等壽妻在以永錫，難查□其義又黨貴其行以奉
康十一丰五月，月廿七日□以五千黨有其六以秦
月十九日附葬于洛之西南，大女智崇不二
辭滕感曰，墓罔極之哀朕立墓碑略紀道烈其

徐君夫人菅洛墓碑（碑阳）拓片

皇靈誕育，惟嶽絳猗猗與
夫人秉德，誠曰淵清聰朗，內諡
接物以德，曰溯，仁者壽，當享
百齡，昊天不弔，弔大者，命中當享傾
卜茲宅，窀永即幽窴，遺孤
号咷姻旆，涕零，千秋萬歲孫
阿時瘼形，嗚呼哀哉

徐君夫人菅洛墓碑（碑阴）拓片

前秦

邓太尉祠碑

　　《邓太尉祠碑》是前秦冯翊护军郑能进为纪念邓艾所建立的，故全称《冯翊护军郑能进修邓太尉祠铭》，又因邓太尉为三国时期的魏将邓艾，故此碑亦称《邓艾祠碑》。碑呈圭形，尖首，方座，有穿，高170厘米、宽64厘米。此碑刻于前秦建元三年（367），原在陕西省蒲城县西头乡坡底村，即当年邓艾祠的所在地，旁边有邓艾的衣冠冢。1927年，宋哲元有意将此碑运至西安碑林而未果。1972年终入藏西安碑林。

　　此碑碑阳文字已剥蚀殆尽，无法释读。幸故宫博物院藏有碑阳的旧拓，碑帖专家马子云先生整理故宫拓片时曾见过。碑阳额题4行，行4字，尚有10字可辨，即"魏故太尉邓公祠碑河□□□宜□□□"，还有残存的碑文10字。碑阴是郑能进于前秦建元三年重修邓艾祠时的题记及其属吏题名。题记居右，9行，行29字；属吏题名居左，分3列，第一列9人，第二列7人，第三列11人，共27人。书体均为隶书。这篇题记除了一句"太尉邓公祠张冯翊所造，岁久颓杇"之外，其余文字皆与邓艾无任何关系。这篇重修题记的史料价值在于它记述了当时冯翊护军所统辖的和戎、宁戎、鄜城、洛川和定阳五部，以及白羌、高凉和卢水等夷类十二胡的情况，为研究十六国时期、北朝时期各少数民族部族内迁关中地区的史实和相互关系提供了珍贵的资料；而属吏题名则提供了这些少数部族内部的汉译姓氏。

邓太尉祠碑

保存至今的前秦石刻甚少，目前仅知此碑与《广武将军碑》两通，因而它们又是十六国时期珍贵的书法资料。因此碑于清代才被发现，故在清代以后才见于金石著录。清代陆增祥在《八琼室金石补正》中评此碑说："隶法略涉放纵，仍不失汉人矩矱。"其实，与其说它接近汉隶，还不如说它具有更多的魏晋隶书余绪。其笔头锐如折刀、翻挑明确、结体平整，可视为十六国时期正体隶书的典型代表。如"夫"字的第三笔，下端呈双燕尾形，与《东武侯王基碑》等比较接近；"十"字、"三"字之主要横笔，起笔向下呈三角形，收笔上挑成"燕尾"，动势大，带来活泼感；有些字的结体同《晋故振威将军建宁太守爨府君墓碑》（又名《爨宝子碑》）有相近处。这些特点都反映了前秦时期无论南北都有的一些共同的时代特点。于右任先生曾作诗《广武将军碑复出土歌》云："宇内苻秦碑，邓艾与广武。"

邓太尉祠碑拓片

水月炎七五水不
衡左匡部北書
令降領換作
蒲為屠青弟
子尚嶺各朔孝
北書尉十二一給序
捉庙二种郡兵隻
令部心夫三
安郎祠二者

广武将军碑

《广武将军碑》，亦称《张产碑》。此碑刻于前秦建元四年（368），碑首呈圭形，高 174 厘米、宽 73 厘米、厚 10 厘米，四面刻字。碑额题"立界山石祠"。碑阳 17 行，行 31 字，字体在隶楷之间。1972 年入藏西安碑林。

《广武将军碑》未见于明代之前的各种金石著录，明代末年发现后不久便又佚失。据清乾嘉时期的《金石记》诸书记载，此碑原存于陕西省宜君县。清代的金石学家曾多方寻觅此碑，然而多年求之不得。直到 20 世纪 20 年代，才被澄城人雷召卿在陕西省白水县史官村仓颉庙中发现。据传，此碑一经发现，做碑帖生意的商人如闻至宝，纷至沓来，争相拓印。尽管当时一张初拓本价值千金，但仍一份难求。此碑遂广为人知。

《广武将军碑》碑文字体烂漫、稚拙、天真，有界格又不拘于界格，但距今有一千五百余年，不少字迹已泐灭不可辨认。清洪颐煊《平津读碑记》谓："碑已残泐。前叙其先世，次叙其政绩，末有官名疆界，似是纪功立界之碑。"

《广武将军碑》刻于前秦建元年间，这时的书法艺术呈现出各种隶楷相间又具行书意趣的特点。此碑书体即在隶楷之间，其线条细劲、结体宽博，整体上宕逸朴茂、奇态横生，古朴中见稚气，庄严中显奇崛，在古代碑刻中称得上是一朵奇葩。在大自然千年的风剥雨蚀下，此碑愈发显得古朴无华、奥妙含蓄。

陕西前秦石刻极少，仅此碑与《邓太尉祠碑》两例，故世极珍视，被誉为关中碑刻之"楷隶冠"。其又与东晋永和九年（353）王羲之的《兰亭序》属于同

广武将军碑

时代书体，因此南北辉映，影响较大，历来金石家对其评价颇高。康有为见此碑后曾挥毫作了长题，中有"苻秦建元四年，去王右军兰亭仅十二年，故字多隶体，实开灵庙碑之先渊，茂且过之，应与《好太王碑》并驱争先。……碑阴字似流沙坠简，古逸至矣"等慷慨评价。他还就此碑拓本作跋云："为新近出土北碑中'古雅第一'……《关中金石志》名为《广武将军》，则非也，乃广武将军曾孙产耳……"姚华跋云："于《爨宝子碑》见古隶之结局，于《张产碑》见今隶之开宗。"于右任对此碑书法亦是推崇备至，将它与《姚伯多造像记》及庾信撰文的隶书《慕容恩碑》誉为"秦中三绝碑"。此碑复出时于右任十分感慨，写诗云："慕容文重庾开府，道家像贵姚伯多。增以广武尤奇绝，夫蒙族人文堪研磨。"

‖吕他墓表

魏晋时期严禁厚葬、立碑，于是人们便将原立于地面上的墓碑缩小体型，埋于墓中，称为"墓中之表"，即"墓表"。墓表表身与座之间以榫卯相套，形制独特，一如缩小后的石碑。可以说，墓表是墓志在形成过程中的一种早期形态。

《吕他墓表》刊刻于后秦弘始四年（402），20 世纪 70 年代于陕西咸阳密店镇出土，1997 年入藏西安碑林。墓表圆首方座，通高 65 厘米、上宽 32.5 厘米、下宽 34 厘米、厚 9 厘米。墓表文 5 行，行 7 字，共计 35 字，隶书。

吕他出身于甘肃略阳吕氏的氐族望族，是后凉的开国者吕光的弟弟，他的父亲吕婆楼曾辅佐苻坚夺取前秦帝位。志文记载吕他葬地"常安"，即"长安"（西汉末王莽和前秦苻坚曾改"长安"为"常安"）。颇有历史意味的是，《吕他墓表》与清光绪年间在西安附近出土的现存于日本东京书道博物馆的《吕宪墓表》形制相同，两方墓表内容除了名字和职衔外其余完全一样，书体风格也相同，似为同一人所书。由于当年《吕宪墓表》没有明确的出土地，曾有人对它的真实性提出质疑。《吕他墓表》的出土，证实了《吕宪墓表》的真实性，其出土地也应在咸阳密店镇东北。二人同年同月同日葬于同地，表明二人是同时死亡的。如此巧合，则可以推测二人应属非正常死亡。十六国时期的北方，攻伐杀戮几乎每天都在上演。这两件冰冷的墓表背后究竟隐藏着怎样的一段故事，从这寥寥数语的志文中我们亦无从知晓，还有待历史学家去考证。

墓表

安略酉一弘
北陽秦未始
陵呂故朔四
去他幽廿年
城葬州七十
廿於刾日二
里常史辛月

吕他墓表

弘始四年十二月
一未朔廿七日辛
酉素故文幽夾史
略陽吕他州於常
安北陵去城廿里

早在两汉时期，西北的匈奴和氐、羌等少数民族就不断地向关中迁徙。晋室南迁后，北方陷入一片混乱，多个少数民族纷纷在这里建立政权，先后兴替的历史相当繁乱。这一时期便是历史上的五胡十六国时期，也是北方多民族大融合的重要时期。之后在北魏再度统一北方的长达一个世纪的时间里，虽然北方政治分裂，但因进驻中原，多民族又长期杂居，互相影响，反而极大地促进了民族融合，少数民族也在很大程度上接受了较之更为发达的汉文化。所以，《吕他墓表》无论从形制、行文还是从书法方面，都反映出汉文化对少数民族文化的影响。

　　十六国时期存世的石刻文字非常少，前秦的《邓太尉祠碑》《广武将军碑》，北凉的《沮渠安固造像碑》，以及这件《吕他墓表》，可以让后人稍窥十六国时期的书法面貌。十六国时期也是汉字书体演变的重要历史阶段，这一时期的铭刻文字仍是隶书。如《邓太尉祠碑》，其翻挑明确、结体平整，基本保持了魏晋隶书的形态特征。再如《广武将军碑》，其笔画浑朴、结构拙厚，犹如天然浑成。《吕他墓表》的书法在楷隶之间，显得宽绰挺劲、稚拙朴质，且没有刻意追求蚕头燕尾、波挑分明的隶书规范，实属于不经意间寓楷于隶。此外，这件后秦的《吕他墓表》是陕西地区出土的时代较早、葬地明确的少数民族贵族志石，为认识十六国时期的书法及早期墓志的形态增加了不可多得的实物证据，因而特别受到珍视。

司马芳碑

《司马芳碑》又名《司隶校尉京兆尹司马文预碑》，因出土时只存碑身上半截，且断为三块，通常也称《司马芳残碑》。碑为圆首，额上浮雕蟠螭纹，仅存上半段。碑残高98厘米，宽97厘米。碑额题"汉故司隶校尉京兆尹司马君之碑颂"，篆书。两面刻字。阳面碑文16行，行5～15字不等，隶书；碑阴上部有题名14行，下残存叙文18行，亦为隶书。该碑原立于汉长安城故地，1952年于西安市西大街与北广济街口被发掘，遂入藏西安碑林。

司马芳碑

司马芳碑（碑阳）拓片

　　司马芳，字文豫，河内温（今河南温县）人。专家据《司马芳碑》碑阳残存的"君讳芳字文豫河内""显考儁以资望之重识"等文字，考订碑主司马芳即司马懿的父亲。在汉末至曹魏时，他曾任治书御史、洛阳令、司隶校尉京兆尹等职。

　　关于此碑的年代，以往或曰东晋，或言西晋，莫衷一是。此碑的刻立者"宁远将军乐陵侯"系晋汝南王司马亮的六世孙司马准，其事迹附于《魏书·司马景之传》之中。司马准为东晋宗室成员，在刘宋取代东晋后降归北魏。此碑刻立于

司马芳碑（碑阴）拓片

长安，而直到北魏神麚三年（430）长安才始归北魏统治，因此司马准只能是在此之后刻的碑石。据《魏书》记载司马准卒于"兴光初"，而"兴光"年号只用了不到一年，所以其卒年应为兴光元年（454）。据此，《司马芳碑》的刻立年代大致在北魏神麚三年长安归属北魏之后，至兴光元年司马准去世之前，即430年至454年之间。

这方碑石的书法刚劲恣肆，书体在隶楷之间，即隶书转向楷书的一种过渡字体。其笔画锐头尖尾、结字欹侧灵动，别具一格。自出土以来，《司马芳碑》在很长一段时间里被当作晋碑，书法被看作晋代的一种由隶书向楷书过渡的书体。当重新考订其年代后，对其书法也相应地有了新的认识。《司马芳碑》这种楷隶兼具的书体，是在当时的特定环境下，变革的新书风向保守的刻铭书体冲击的一种体现。

晖福寺碑

　　南北朝是我国文字发展演变的重要时期，特别是楷书刚从隶书蜕化而来，处在一种不成熟的初创阶段。而正是这种"不成熟"，使这一时期的书法特别是北魏书法同时蕴含了隶书、楷书两种不同书体的特征，从而使其艺术风格更加丰富多变、书写形式更加精彩多样。

　　整个南北朝时期，北方中原地区的书法以北魏碑刻为代表，"魏碑"和"北碑"成为北朝书法的代名词。马宗霍在《书林藻鉴》中说："北朝之书，魏为最盛，享国既永，艺业日臻，重以孝文好文，润色金石，故其时隶楷错变，无体不备。"康有为在《广艺舟双楫》里也提出："今日欲尊帖学，则翻之已坏，不得不尊碑。欲尚唐碑，则磨之已坏，不得不尊南北朝碑。尊之者，非以其古也。笔画完好，精神流露，易于临摹，一也；可以考隶楷之变，二也；可以考后世之源流，三也；唐言结构，宋尚意态，六朝碑各体毕备，四也；笔法舒长刻入，雄奇角出，迎接不暇，实为唐、宋之所无有，五也。有是五者，不亦宜于尊乎！"此后碑学盛行，魏碑的价值得到普遍承认，北魏书体也经过标准化成为"魏体"字，成为现在最常用的汉字印刷字体之一。

　　《晖福寺碑》全称《大代宕昌公晖福寺碑》，于北魏太和十二年（488）刻立。此碑圭首方座，额下有圆穿。碑体上部为长方形，下部两侧对称呈向内收敛的弧形。通高294厘米，宽90厘米，厚17厘米。两面刻字，阳面24行，满行44字，阴面刻有题名，一列9行，两面均为楷书。碑文记载了北魏太和十二

晖福寺碑

年，散骑常侍、安西将军、吏部内行尚书、宕昌公王庆时在陕西澄城县修建晖福寺，以此为文明太后和孝文帝及其父兄子弟祈福的事迹。碑文还描述了晖福寺的建筑风格。此碑原在澄城县李润镇如来庙内，1919年移至澄城县内劝学所，1971年入藏西安碑林。

北朝各政权皆由北方少数民族建立，他们倡导尚武精神，百姓又质朴豪放，同时积极吸收汉族文化，所以其书法表现出雄峻坚实的艺术风格。这方《晖福寺碑》是北魏时期具有独特风格的书艺佳品。全文宏整遒丽，书体兼具隶楷风格，并出现楷体"结体收敛，严谨方正"的特点，属于北魏平城时期后期的书法风格。通篇用笔方圆兼备，以圆为主，笔画丰厚，线条凝练，具有俯仰向背的姿态和曲张之势。

仔细观之，茂密的结体又体现出欹侧的动势，直斜俯仰皆似随意，因而有一种自然、质朴的美。与同时期的南齐《刘岱墓志》的秀美精巧相比，《晖福寺碑》表现出的是一种北方民族特有的豪放朴拙的气质。与同时代北魏碑刻作品相比，其风格更接近于时代稍晚的永平四年（511）的《郑文公碑》。清康有为在《广艺舟双楫》中将这两通魏碑同列为"妙品上"，评价《晖福寺碑》"为丰厚茂密之宗"，完全符合他总结的魏碑的十大特点，即魄力雄强、气象浑穆、笔法跳越、点画峻厚、意态奇逸、精神飞动、兴趣酣足、骨法洞达、结构天成、血肉丰美。

今人收藏此碑，不仅因其有极高的艺术价值，还在于它首创了北魏太和年间建寺造像题名之风，且涉及北朝时期关中部族的迁徙、融合和发展历史，所以同时具有极其珍贵的史料价值。

夫莱宗如非名相之形詮至韻冲其
言以之軒揚體非名相圖像以之布
競津法以砭焉是以神暁騰曜鏡重番
炎宅用能慈泗流扵當時惠慶光扵暇萬
皇夂明自天趙世高悟軟淳風以懐萬
太皇太后聖應淵詳道心幽暢協宣皇
不懿形應萬機而恬處之真弗擾故能
靈其熟令英風靄而重扇亙缺渝而
淵懿位亞台衡任揔枢密翼黄之功
夫玄期有寄乃故揚戎扵本聊南扎

元桢墓志

魏晋时期，朝廷禁止厚葬、严禁立碑，因而出现了墓志这种新的丧葬形式。《宋书·礼二》载："汉以后天下送死奢靡，多作石室、石兽、碑铭等物，建安十年，魏武帝以天下凋弊，下令不得厚葬，又禁立碑。""晋武帝咸宁四年又诏曰：此石兽碑表，即私褒美，兴长虚伪，伤财害人，莫大于此，一禁断之。"由于禁碑的严格规定，于是将墓葬外的碑刻转化为墓志埋于圹中。

当时的墓志基本上是仿照碑石的形制立在墓室之中，形状为小碑，高度仅有几十厘米。它们有的称"柩"，有的称"铭"，有的称"碑"，作用与墓志相同。晋代墓志有方形或者长方形，均平放在墓室中。南北朝时期，墓志的内容进一步完备起来，不仅记载死者的姓名、籍贯、履历、官职、谱系、生卒年月、下葬时间、埋葬地点等，后面还有四言韵文铭辞。后世的墓志基本沿袭了这种格式。

墓志在南北朝时十分盛行，其中尤以北魏的墓志铭为多。这是因为，一方面，北魏时期特别是迁都洛阳以后，尚武之风渐衰，转而崇尚儒业，王公子弟多为文人才士，尤其是魏孝文帝"雅好读书，手不释卷"，喜润色金石，于是刻碑之风继东汉之后愈演愈烈；另一方面，当时人死后若无人树碑立传，对于一个出身高门大族而又显赫一时的人来说，并不是一件光彩的事，即使是一个小官吏死后亦有人替他撰文刻石，歌功颂德，以希望能够名垂后世。

《元桢墓志》刻于北魏太和二十年（496）。志石呈四方形，高、宽均约70厘米。志文标题"使持节镇北大将军相州刺史南安王桢"。志文17行，满行18字，

元桢墓志

楷书。此志 1926 年于洛阳唐寺门出土，后归于右任先生收藏，随"鸳鸯七志斋"近三百方刻石一同入藏西安碑林。

志主元桢是北魏恭宗拓跋晃的第十一子、孝文帝元宏之从祖（祖父的亲兄弟）。这篇墓志行文简略，后世对其评介不多。《魏书·南安王传》载："南安王桢，皇兴二年封，加征南大将军、中都大官，寻迁内都大官。高祖即位，除凉州镇都大将。寻以绥抚有能，加都督西戎诸军事、征西大将军、领护西域校尉、仪同三司、凉州刺史。征为内都大官，出为使持节、侍中、本将军、开府、长安镇都大将、雍州刺史。桢性忠谨，事母以孝闻……"后元桢因"不能洁己奉公，助宣皇度，方肆贪欲，殖货私庭，放纵奸囚"等罪状被削除封爵，以庶人归第，禁锢终身。后又因追随孝文帝南伐，迁都至洛阳等功绩，得以复封南安王等职。太和二十年卒于邺，终年五十岁。

元桢墓志拓片

　　《元桢墓志》是典型的北魏书法作品，与"龙门二十品"当属同一时代。该志文整体布局疏朗严谨，典雅庄重，横竖成行，字形大小不一，因势置入，和谐自然。单就每一字而言，力破横平竖直，取斜势造险，伸缩变化极大。用笔以方藏锋为主，偶然兼圆笔转换，顿挫抑扬分明。横画多呈方势，钝笔重入，缓行暗收，轻笔取势，俯仰体按，一波三折，通篇显示出和谐的节奏美。《元桢墓志》虽出土时间较晚，而且相关的记载和评论也比较少，但其书艺精美绝妙，堪称北魏墓志中的上乘佳品。

鸳鸯七志斋藏石

　　在西安碑林丰碑大碣的碑廊中，陈列着很多北朝墓志，它们均来自大名鼎鼎的"鸳鸯七志斋藏石"，即于右任先生在民国期间倾力收藏的汉代至宋代的墓志石刻。

　　于右任，原名伯循，晚年自号"太平老人"。陕西三原人，生于1879年。七岁入学开蒙，后相继在三原宏道书院、泾阳味经书院、西安关中书院读书。1904年，因其诗作有讥议时政、倡导革命的内容，被清廷严令通缉，遂亡命上海，更名入震旦学院就读。次年在上海参加筹办震旦公学、中国公学，并任两校教职。1906年，为筹办《神州日报》赴日本考察并筹款，其间结识孙中山，加入同盟会。回上海后创办《神州日报》，自任社长。辛亥革命后，出任南京临时政府交通次长。1918年，组建陕西靖国军，率师讨伐。后长期任国民政府监察院院长。1949年到台湾。1964年病逝于台北。临终前曾写下"葬我于高山之上兮，望我大陆；大陆不可见兮，只有痛哭"（《望故乡》）的诗句，表达了对家乡的深切眷念。

　　于右任不仅是中国近现代政治舞台上的著名人物，还在教育、文化、诗歌等方面多有建树，而其最有影响的还是书法。他早年曾学王羲之、赵孟頫，后钟爱北碑，在诗《十九年一月十日夜不寐，读诗集联》中写道："朝写石门铭，暮临二十品。竞夜集诗联，不知泪湿枕。"他以魏碑为基础博采众长，将汉隶、章草与草书融合，练就遒劲笔力，形成了气势恢宏又古朴淳厚的独特风格。他晚年时的书法更臻成熟，达到了炉火纯青的境界。他还创立了"标准草书"，并出版了

于右任像

同名字帖。于右任被誉为 20 世纪书法史上卓然而立的书法大师。

于右任在护法运动期间，曾任陕西靖国军总司令，河南张钫（字伯英）任副总司令。两人私谊甚笃，且都酷爱金石碑刻。他们曾有默契，凡得北朝墓志归于右任，凡得唐代墓志归张钫。张钫收藏的唐志多达 1900 余方，存于故乡河南新安县铁炉镇其私宅"蛰庐"内。他建砖拱窑洞 15 孔，将墓志嵌于窑壁，取名"千唐志斋"，这里后更名为"千唐志斋博物馆"。而于右任则以他收藏的北朝墓志中的七对夫妇的墓志，为自己的斋室取名"鸳鸯七志斋"，其藏石便称"鸳鸯七志斋藏石"。

鸳鸯七志斋所藏墓志中的绝大多数出土于河南洛阳，少部分出土于河南安阳等地。洛阳为九朝古都，特别是北朝都城自平城迁至洛阳后，许多的北魏宗室及高官均葬于此地。这些墓志又多出自邙山一带。邙山位于洛阳城北，这里山势雄阔、景色优美、土质优良。古人认为邙山是死后葬身的风水宝地，因此民间素有"生居苏杭，死葬北邙"之说。清末以来，这里出土的历代墓志有数千方之多。

20 世纪 20 年代，于右任准备将"鸳鸯七志斋藏石"运回陕西家乡。因陇海铁路尚未修至西安，于右任先将部分墓志运到北平，置于西直门内菊儿胡同里一座旧王府的后院内，有 191 方，后又将一部分墓志运至南京，有 116 方，其余 89 方仍存放于洛阳。1935 年，中日关系紧张。为避免这批珍贵的墓志落入日军之手，10 月于右任致电陕西省政府主席邵力子先生、陕西绥靖公署主任杨虎城将军，决定将这批珍贵的墓志捐献归公于故乡陕西。邵力子、杨虎城即委派三原县县长丘铣及马文彦负责转运之事。马文彦在宋哲元将军的协助下，于 1936 年 2 月将存于北京西直门内菊儿胡同的 191 方墓志运回西安，暂存于孔庙，即西安碑林所在地。1936 年 4 月，马文彦又将存于南京和洛阳的墓志运回西安，亦存于孔庙内。至此，"鸳鸯七志斋藏石"全部运回西安。于右任将这批藏石捐归公有是"有条件的"，即"保留其拓售之权利，为三原民治小学之经费"。也就是说，他想用这批墓志拓售之所得，资助家乡的教育。

"鸳鸯七志斋藏石"的数目，根据于右任捐赠给西安碑林石刻墓志的实际数目统计，共 318 种 387 石（含墓志盖），计汉《熹平石经》及黄肠石 6 种、晋墓石 4 种、北魏墓志 136 种、东魏墓志 7 种、北齐墓志 8 种、北周墓志 5 种、隋墓志 113 种、唐墓志 35 种、后梁墓志 1 种、宋墓志 3 种。此前的西安碑林碑石较多，而收藏的墓志却极少。"鸳鸯七志斋藏石"全部归西安碑林收藏，不仅增加了碑林藏石的品类和数量，而且碑石本身所具有的史料价值和艺术价值，亦为古老的西安碑林增辉添彩。正如于右任先生所说："每览志文，于征伐、官制诸端，可补前史之疏漏，于氏（民）族可考南北播迁之原委，于文辞可增列代骈散之别录，于书法可知隶楷递变之途径。"（见《鸳鸯七志斋藏石目录》序）于右任的功德将永远铭记在西安碑林的史册上。

那么，这"鸳鸯七志"到底是哪七对夫妇呢？对此，于右任并未明确指出，有关著录亦说法不一。其实，"鸳鸯七志斋藏石"中的夫妻墓志共有十对之多。经笔者考证，"鸳鸯七志"应是北魏七对夫妻的墓志，即穆亮及妻尉太妃墓志、元遥及妻梁氏墓志、元珽及妻穆玉容墓志、元谭及妻司马氏墓志、元诱及妻冯氏和薛伯徽墓志、丘哲及妻鲜于仲儿墓志、元鉴及妃吐谷浑氏墓志。另北齐的一对夫妇赫连子悦及妻闾炫墓志，亦列此备考。

穆亮及妻尉太妃墓志

《穆亮墓志》刻于北魏景明三年（502），1925 年于洛阳西北岭出土，1939 年经于右任先生移存西安碑林。志石呈方形，高 66 厘米、宽 59 厘米。志文标题"太尉领司州牧骠骑大将军顿丘郡开国公穆公亮墓志铭"。志文 20 行，满行 22 字，楷体。

志主穆亮，字幼辅，出生于累袭官爵的豪族之家穆氏家族。穆氏家族在北魏政权中的地位甚为重要，也是北魏时期迎娶公主最多的豪门大族。穆亮祖尚乐陵公主，父尚城阳、长乐二公主，其本人尚中山长公主——穆氏家族与元氏家族关系之密切，可见一斑。《穆亮墓志》全篇用较多笔墨记述了其高祖至其父的显赫官爵，皆是位列三司的要职，且多次与皇室通婚，对穆亮本人的记载却仅有二十余字。穆亮于北魏献文帝末年时起家侍御中散，后征治河西，击败吐谷浑，讨收醴阳，镇守洛都，屡立战功，为元魏政权效忠三十多年，是一位历经北魏四朝皇帝、颇受高祖器重的重臣。志文未提及穆亮终年，只言穆亮弱冠登朝，为北魏政权效忠三十余载，依此推算穆亮大致终年五十余岁，生于文成帝兴光年间，直至景明三年卒于私第。

穆亮墓志

太尉領司州牧驃騎大將軍頓丘郡開國公穆文獻公墓誌銘

高祖崇原五石皇極闔章百辟尚書令且都父宣陽公主挺秀才列祖廓之
定光輔東大宗世祖中剋中秘書監且都尉馬都尉
傛光伍侍中太尉且都父之資佐命列祖廓之
侍中太尉諧帝歆憲章尚書且都父宣王主以申甫祖壽之任
高宗世皇獻憲章尚書且都父宣陽公主挺秀才
尚樂陵公主毗父平國伍廣東大業豪三司中書監駙馬都尉台
位班三司式演時雍尚城陽公長樂將軍領公主四葉重暉三百
疊映餘慶涿沴寒挺明懿公翁餘載冠登朝愛曁知命内賁百
挼水撫方殞服宣道揚化廿子餘載以景明三羊歲壬午夏
闔四月晦寢疾蔑蒞立子第天子震悼其辤曰公薨百有
加恒典刊石銘家降霊積履覆載播徽烈命世薨
雲巖昇綟台鈴家積忠順英開祉烈氣命邁世志和水延袞命
茂義為朝累性敦詩悅禮恩恭神清内殖德本憲正體仁令緒通驗
東金溢竹風芳茞組紛繁四登能五惣納言一傳儲宮冊命為綵
暉軒風芳茞東澤流陝西餘祉術順霊石式揚芳塵茂台
位俎慈親暨推荊頌玉碎琨津六敬銘幽石式揚
家維大魏景明三年歲次壬午六月丁亥朔廿九日乙卯

穆亮墓志拓片

北魏孝文帝在掌握实权的冯太后的辅佐下登上皇帝位后，为了缓和当时已经相当严重的阶级矛盾，并限制地方豪强势力，从而进行了大规模的改革，涉及政治、经济、文化等各个领域，范围极其广泛，内容也极为丰富。这次改革极大地促进了北魏经济、社会的发展，加速了北方少数民族的封建化进程，促进了民族大融合。但同时一些政策如整顿吏治、迁都洛阳及推行汉化等，影响了部分豪强的利益，使统治阶级内部产生了矛盾。总而言之，皇帝既要实施改革，又要安抚权贵，以缓和阶级矛盾。

基于这样的社会现实，穆亮后来以征南大将军、领护西戎校尉的身份，击败吐谷浑，为北魏的安定做出了很大的贡献，即志文所言"内赞白揆，外抚方服，

穆亮妻尉太妃墓志

宣道扬化"。穆亮一生最辉煌的时期正是孝文帝在位的这一段时间，因而穆亮必然是协助孝文帝顺利实施改革的重要成员。

《穆亮墓志》志石用料考究，石质光洁细腻，字迹清晰如新。志文的书写和刻工也很精到，且以小方格为界，显得墓志志文整体丰满紧实。志文字体笔画壮实、结体严谨，书体多用方笔，偶间圆笔，凝重沉着，棱角森挺，结构紧密，气势稳健大度，骨力收含，风骨铮铮，极具阳刚之美，是北魏厚重书风的典型代表。康有为评其"体裁俊伟，笔气深厚，恢恢乎有太平之象"。但康有为提出的"魄力雄强，气象浑穆，笔法跳越，点画峻厚，意态奇逸，精神飞动，兴趣酣足，骨法洞达，结构天成，血肉丰美"的"魏碑十美"又不能尽述其妙，其成熟程度应不在"龙门四品"之下。

《穆亮妻尉太妃墓志》刻于北魏神龟三年（520），与《穆亮墓志》1925年同出土于洛阳西北岭，1939年经于右任先生赠予西安碑林。志石呈正方形，高、宽均55厘米。志文16行，满行24字，楷书。

志载太妃为河南洛阳人，祖官至侍中、散骑常侍、建义将军、四部尚书、西阳公建，为皇帝献计献策，有大功于帝室。父博陵府君。太妃享年66岁，神龟二年（519）十一月十日薨于洛阳安贵里第，神龟三年六月葬于景山旧茔。

尉太妃墓志志文虽仅占全石的三分之二，但书体严谨秀逸、气势爽朗流畅，且偏重楷法，既富有秀丽活泼、洒脱飘逸的神韵，又渗透出楷书的遒劲之气。

元遥及妻梁氏墓志

《元遥墓志》刻立于北魏熙平二年（517），1919年于洛阳城北后海资村出土，1938年于右任先生赠予西安碑林。志石呈长方形，高60厘米、宽63厘米。志文29行，满行29字，楷书。

元遥是北魏恭宗景穆皇帝之孙，京兆康王之子，历仪同三司、平西将军、泾州刺史、镇东将军、冀州刺史、征南大将军、征北大将军、车骑大将军、雍州刺史等要职。元遥十三岁时即为高祖孝文帝所器重，后又跟随其迁都洛阳，参与了孝文帝制礼作乐、废除旧俗的改革。

北魏太和初年，孝文帝御驾伐齐，不巧身患重病，不免久病心烦，易于动怒，侍臣稍有过失，动不动就要诛斩，幸亏有孝文帝的亲弟弟彭城王元勰及元遥衣不解带、睡不安席地在他身边谨慎地悉心侍奉医药，昼夜不离左右，又乘间劝谏，多所匡救。太和二十三年（499）四月，这位北魏著名的改革家驾崩于南征的路上，年仅三十三岁。《元遥墓志》记载了这感人至深的一幕，志文称："圣躬不豫，特命公与太师彭城王侍疾，委以戎马。晏驾之始，在公怀抱。"这里的"晏驾"一词是对古代帝王死亡的讳称，就是说孝文帝死在了元遥的怀中。元遥陪伴孝文帝

元遥墓志拓片

走完了生命的最后历程，充分证明了元遥和元勰是孝文帝的左膀右臂、股肱之臣。而此时伐齐的大业尚未成功，元遥随后与彭城王元勰等秘密商议，担心凶讯外露，遭齐兵追击，所以秘不发丧，待军队行抵宛城后，即遣中书舍人张儒奉诏征太子元恪，将凶讯密告留守京师的于烈，等太子也就是后来的宣武帝到达鲁阳登上皇位后才发丧。

随着北魏生产力的发展和鲜卑贵族汉化的加深，统治者日趋腐化，吏治逐渐腐败。繁重的兵役和苛刻的徭役最终引发农民的反抗。延昌四年（515），冀州僧人法庆领导大乘教起义，公开宣称"新佛出世，除去旧魔"，北魏政府动员了十万军队才镇压下去。后来孝明帝又派遣时任征南大将军的元遥率领十万大军攻打起义军，直至熙平元年（516）才将其镇压下去。熙平二年（517）元遥卒于家中。

从志文中关于元遥随侍孝文帝，又辅佐太子登基的记载，可知元遥在当时确实是朝中位高权重、威望很高的要臣。他一生经历了北魏献文帝、孝文帝、宣武帝和孝明帝四朝，少小便远离故乡随文帝南迁，实践汉化改革，拥立宣武帝即位，攘外安内，可谓戎马倥偬，壮志酬筹，为朝廷鞠躬尽瘁，死而后已。

北魏皇家墓志，又称"元氏墓志"，因北魏孝文帝时期改"拓跋氏"为"元氏"而得名。由于元氏家族在北魏时期的政治和社会地位，使得他们的墓志在选石、书丹、镌刻等方面都与众不同，可以说是选石考究、书写恭谨、镌刻精到。也由于墓主身份的显赫与尊贵，所以墓志的书法多表现为平正、温润、雄强、精健、典雅、秀逸、美观等风格，体现出一种皇家气象与风范。

总体而言，北朝是我国书法艺术史上的一个重要时期，而北朝墓志铭刻石是北朝书法乃至中国书法史上极为重要的一个组成部分，在石刻书法中占有举足轻重的地位，代表了北朝书法的面貌，反映了北朝书法艺术的基本特征，体现了北朝书法艺术的辉煌成果。《元遥墓志》是一篇书文俱佳的优秀作品。虽然撰文者、书人均未署名，但从志文可以看出撰文者对元遥的生平相当熟悉，文末还对元遥做了"等覆乾坤""腹心""喉舌""忘己忧国""民之父母"的高度评价。志文体势端方，庄重肃穆，宽松而酣畅率直，方棱而蕴藉含蓄。通篇文字以上紧下宽为

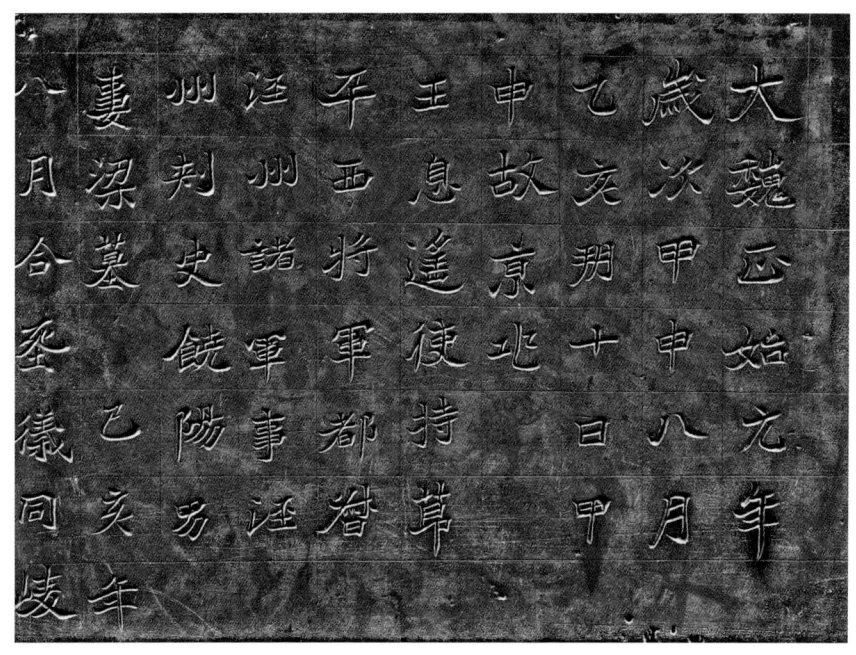

元遥妻梁氏墓志

主体，形成一种稳重感。其转折勾连，或是一笔带过，或是另起笔断切后而神接，安排有序，顾盼多姿，灵动多变，或粗或细，孰重孰轻，恰到分寸，字字精妙，笔笔不苟。这方墓志着实是一篇令人叹服且兼有深湛功力和艺术魅力的笔者心迹。

《元遥妻梁氏墓志》刻立于神龟二年（519），1919年于洛阳城北后海资村出土，1938年于右任先生赠予西安碑林。志石呈横长方形，高31厘米、宽42厘米。志文10行，满行6字，楷书。由志文"大魏正始元年岁次甲申八月乙亥朔十日甲申，故京兆王息遥，使持节平西将军都督泾州诸军事泾州刺史饶阳男妻梁墓，乙亥年八月合葬"可知，梁氏应卒于北魏正始元年（504）。

梁氏墓志志文虽然格外简略，却呈现出一种刚健雄强、庄重严谨的风格。其笔气浑厚，总态跳宕，长短大小各因其体，分行布白自妙其致，寓变化于整齐之中，藏奇崛于方平之内，极为精彩。

元珽及妻穆玉容墓志

《元珽墓志》是一方精熟、完美的魏碑书法珍品。1922 年于河南洛阳南陈庄出土，1935 年于右任先生赠予西安碑林。志盖长、宽均 39 厘米。志盖标题"魏故豫州刺史元珽墓志铭"，3 行，共 11 字，楷书。志石长、宽均 48 厘米。志文标题"魏故左军将军司徒属赠持节督豫州诸军事龙骧将军豫州刺史河南元君墓志铭"。志文 15 行，满行 18 字，楷书。

志主元珽，《魏书》对其略有记载。元珽（493—526），字珍平，是景穆皇帝拓跋晃之孙、安定靖王元休之子。这方墓志与同藏于西安碑林的北魏神龟二

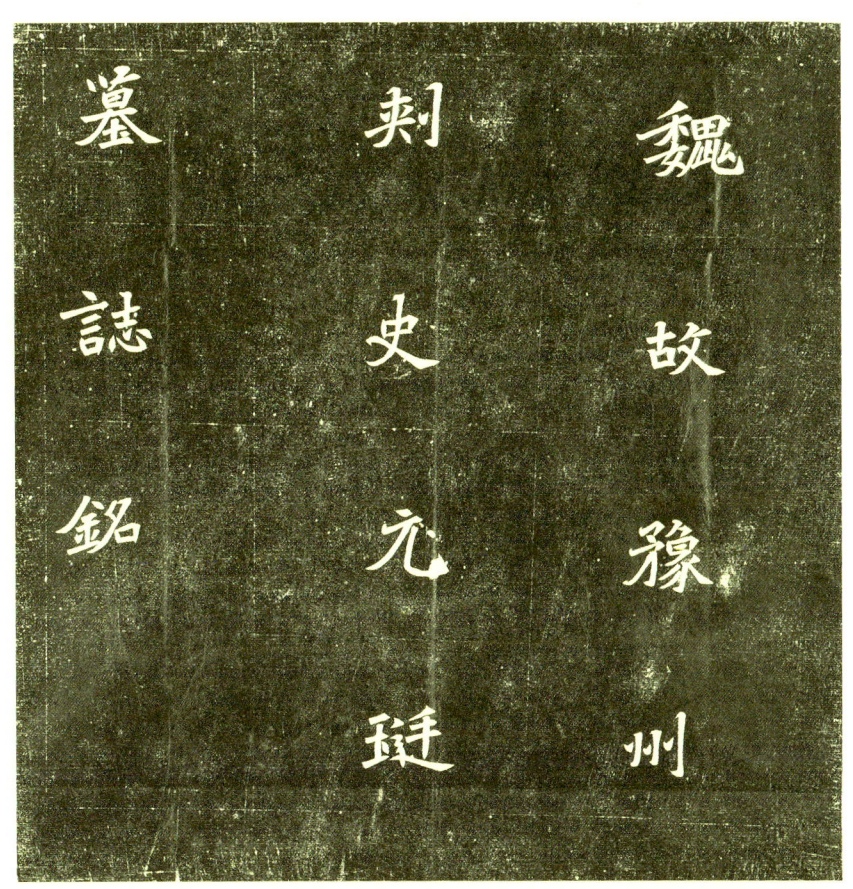

元珽墓志盖拓片

年《元琰妻穆玉容墓志》相合可补证史书。志文记载他为羽林监轻车将军太尉府中兵参军，于北魏孝昌二年（526）七月二十八日卒，十月十九日葬。墓志书法端正严谨、遒劲俊朗、方圆兼备、刚柔相济，在静逸疏朗中体现出舒畅朴茂的韵致。

墓志盖的出现，大约在北魏初年。墓志盖上亦刻标题。开始盖上多刻楷书，后来仿照碑的篆额逐渐演变为篆书，并在墓志侧及盖的四周雕刻装饰性纹饰，如四神——青龙、朱雀、玄武、白虎等，且图案精美、刻工精湛。墓志盖多呈覆斗形。覆斗的斜坡在南北朝至唐代初期较陡且相对短一些，唐中期以后就较为平缓。北魏时期的墓志盖还有一个特点，就是在四角斜坡的两侧安有便于提携下葬合拢的铁环。这种铁环在唐代以后就消失了。可以说，这种墓志盖的发展，经历了盖文从无到有、从楷书到篆书的变化过程，不仅反映了由北魏前期到中后期再到东魏以至北齐时期丧葬风气由崇尚节俭到追求奢华的过程，同时也反映了社会政治由比较清明逐渐走向衰落的过程。

《元琰妻穆玉容墓志》是北魏时期的墓志精品。1922年于河南洛阳城南陈庄村南出土，1935年于右任先生赠予西安碑林。志盖呈覆斗形，顶面长23厘米、宽24厘米。志盖标题"魏羽林监轻车将军太尉府中兵参军元琰字珍平妻穆夫人墓志铭"，6行，满行5字，共27字，楷书。其志盖字数之多，在北魏墓志中实属罕见。志石长48厘米，宽49厘米。志文标题"魏轻车将军太尉中兵参军元琰妻穆夫人墓志铭"。志文20行，满行20字，楷书，有界格。元琰妻穆玉容于北魏神龟二年九月十九日卒，十月二十七日葬。

志主穆玉容，史书并无记载，从志文中可知一二。穆玉容是鲜卑贵族，其先祖本姓丘穆陵氏，为拓跋部的氏族。丘穆陵氏在道武中兴至孝文帝迁都洛阳之后曾立下赫赫战功，成为拓跋氏的重要部族。后来丘穆陵氏改为穆氏。这是因为北魏孝文帝改革实行汉化政策，他参照东晋、南朝关于汉族门阀制度的做法，按姓氏来确定鲜卑贵族的门第高下，将帝姓拓跋氏改为元姓，并作为首姓。皇族以下，第一位为鲜卑族姓丘穆陵氏，改汉姓为穆；第二位为鲜卑族姓步六孤氏，改汉姓为陆；第三位为匈奴族姓贺赖氏，改汉姓为贺；第四位为鲜卑族姓独孤氏，改汉

魏故左軍將軍司徒屬贈持莭督豫州諸軍事

驪驤將軍豫州刺史河南九君墓誌銘

君諱斑字珎平景穆皇帝之孫侍中太傅大

司馬黃鉞大將軍安定靖王第五子也君降季

不日薨於卅三疾不念以孝昌二秊七月廿

八日冀於遵讓里弟以十月丁卯朔十九日乙

酉遷空西陵懼山移谷徙金丹變化故作銘誌

以記玄塗涂其辭曰

猗歟歐記帝族德懋扶犾誕茲懿歔早令珪璋稟

教成岫敬依訓惟良煥如春照懿懷若秋霜之薀田明

玉之荊芳琳瑯拂冠應命軽舉雲懷翔若秋霜之薀珪璋明

桂之芳始叅台拂教終昇鼎議器麗工華蘂騉

騎期以託孤言從哭寄欑氛悲看松鳥涙何以記

嶺摧芳瑤池奄言從寄欑氛悲看松鳥涙何以記

巧鎸名永世

元斑墓志拓片

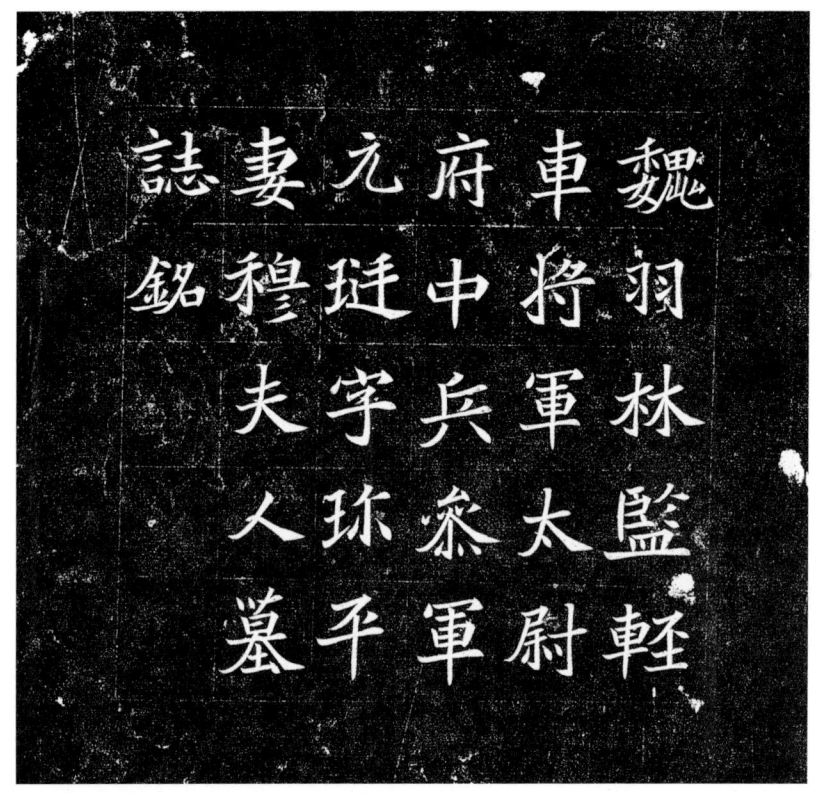

元珽妻穆玉容墓志盖拓片

姓为刘；第五位为鲜卑族姓贺楼氏，改汉姓为楼；第六位为鲜卑族姓勿忸于氏，改汉姓为于；第七位为库莫奚族姓纥奚氏，改汉姓为嵇；第八位为鲜卑族姓尉迟氏，改汉姓为复姓尉迟。此外，朝廷还按照门第高低来选拔人才，任命官吏，使得胡汉贵族融为一体。这次姓氏改革，共有百余种鲜卑姓改为汉姓。

穆玉容的曾祖穆堤、祖穆袁、父穆如意皆在北魏任官。志文用大量篇幅记录穆玉容自幼聪慧机敏、卓绝姿貌、贤淑通达。元珽之父元休非常欣赏穆氏家族的忠孝，也慕名穆玉容的贤淑，所以尽管她比元珽大十岁，也依然向穆家求亲。穆玉容嫁给元珽后，遵守礼德，"家富绢谐之欢，亲无嫌怨之责"，"奉上崇敬，接下俞温"。二人感情和睦，生活和谐。但令人惋惜的是，穆玉容婚后不久便因病卒亡，年仅二十八岁。

魏輕車將軍太尉中兵參軍元珽妻穆夫人墓誌銘

夫人諱玉容，河南洛陽人。曾祖堤，寧南將軍、相州刺
史、國子……中堅將軍、昌國子。父如意，左將軍、東莱
令……之風早……聡譽逸於機辯，謚夫人華……於播芳令之
……侍中、太傅、黃鉞、愛大將軍、大司馬、安定靖王，姿芳態
……之風早……景穆皇帝鎮穆之子，名貞孝宗英，望隆人端，右清王寶，惟風
……挹納既……門之子，礼德又戢，望隆人端之麗，清鑒寶通識雅
……那既馬穆門君，齡礼仁翔家富絹諧，音乃為子
無嬬怨之，責宜闡遐齡，禮德仁範不幸，蓬疾以歡親
……繡帛既納，責宜闡遐貽，仁翔範不幸，蓬疾以為子
二年九月十日……癸酉，空於河陰，遵讓之里東，春秋廿七……作
昌十二月廿七日，九日癸酉，空於長陵大堰之東……乃銘曰
室家多福，遂愆誕兹穆……窆於河陰大堰，顧陸閭門剋俑無善
議邑有清論，藏英娥蘭漢世，奉上言敬接下，帝門剋俑……善
骨錦芯初開，綺皇虛腫，妍姿晻暖溢媚，纖腰豐臀鏡明于
踟蹰……骨錦芯初清論，藏諫道存，奉上崇敬接下，帝門溫鄴無
地入智慟，衆儁賢妻，翠帳凝塵未舊，留月慨矣，天長嘆乎
玄獸俯傳不朽，兒孫縠慜，母飛苽一隊，誰云咸否，獨有

元珽妻穆玉容墓誌拓片

《元琏妻穆玉容墓志》载"窆于长陵大堰之东"。长陵是魏孝文帝拓跋宏的陵墓，在洛阳市孟津县朝阳镇官庄村东南。据《魏书》记载，拓跋宏五岁即位，冯太后临朝；太和十四年（490）亲政；太和二十三年（499）四月崩，时年三十三岁，五月葬长陵。大堰指的是长陵四周的墙垣。近百年来，洛阳邙山出土北魏墓志约300方，有80多方墓志记载附葬于长陵茔域及其周边。元琏妻穆玉容作为宗室贵族也不例外。

此墓志书法整体行气自然，用笔精到，体势略带扁方，布局宽博舒展，字体横向取势，结体端严简古，笔致劲健飘逸，既有险峻之雄风，也有隽逸之灵秀。又镌刻精美、刻工精良、手法娴熟，把书者的意图及书法的笔势、顾盼、承启表现得淋漓尽致。由于志石出土时间较晚，所以书体保存得极其完好，堪称北魏墓志精品。虽然墓志无书丹者姓名，但志主贵为皇族，书写墓志之人也应为宫廷书法名手。

元谭及妻司马氏墓志

《元谭墓志》是北魏时期元氏宗室的墓志代表之一。1927年于洛阳城北安驾沟村西出土，1935年于右任先生赠予西安碑林。志石长、宽均84厘米。志文标题"魏故使持节卫大将军仪同三司青州刺史城安县开国侯贞惠元公墓志铭"。志文29行，满行30字，楷书。元谭于北魏建义元年（528）四月十三日卒，七月六日葬。

元谭，字延思，河南洛阳人，为"献文皇帝之孙，使持节都督中外诸军事、车骑大将军、特进、司州牧，赵郡灵王之第三子"。据《魏书·赵郡王传》记载，元谭"颇强立，少为宗室所推敬。自羽林监出为高阳太守，为政严断，豪右畏之。肃宗初，入为直阁将军，历太仆、宗正少卿，加冠军将军。元法僧外叛，诏谭为持节、假左将军、别将以讨之。徐州平，迁光禄少卿、行南兖州事、征虏将军、泾州刺史。入为武卫将军。寻诏谭为都督以讨杜洛周，次于军都，为洛周所败。还，除安西将军、秦州刺史。卒，赠抚军将军、仪同三司、青州刺史"。

北魏初期定都平城（今山西大同）。平城地处塞上，位置偏僻，漕运不便，经

魏故使持節衛大將軍儀同三司青州刺

公諱譚字延思河南洛陽人也

敷文皇帝之孫使持節都督中外諸軍

靈主之第三子締構連珠開峯合壁綿基

繩出言華渚丹陵之事斯已炳灼金匱肅

公孫臺藉慶瓊宮麗景實崛山之瑰琰鍾

未畫高祖朊神且聖涇雲就日公嘗公以

溫華出言而可雕虬下肇希成霧縈高祖

愛重初為羽林監遷高陽太守終化民

济落后，因而战略位置不利，容易受到北方匈奴、柔然等少数民族的侵扰。孝文帝在将都城由平城迁到洛阳后的第二年，颁发诏令，规定"迁洛之民死葬河南，不得还北"，并要求他们将籍贯改为洛阳。从此，凡是南迁的鲜卑族都为河南洛阳人了。墓志的主人元谭也不例外。此诏令不仅指死于洛阳的鲜卑贵族及达官显宦都葬在邙山，还包括死于外地的也要葬于或者迁葬于邙山。这也是洛阳邙山成为北魏宗室贵戚陵墓区的原因。

然至北魏末年，统治者日益腐败，还对农民进行残酷剥削——均田制遭到破坏，不断加重的租调及无休止的徭役、兵役，最终使社会经济严重凋敝，阶级矛盾日益激化。百姓苦不堪言，纷纷逃往山林，揭竿而起，终于爆发了农民起义。在风起云涌的农民起义冲击下，摇摇欲坠的北魏王朝内部又发生了胡太后与孝明帝之间争权的斗争。武泰元年（528），契胡部落酋长尔朱荣与元天穆等秘密合议，率军队挟持所立庄帝入洛阳，在河阴溺死胡太后，围杀魏皇宗贵族千余人，史称河阴之变。志主元谭就死于河阴之变。

元谭为元氏宗室，墓志自然会出自名家之手。该墓志埋藏于地下千年，出土时间较晚，又没有受到风吹、雨淋、日晒等自然侵蚀和人为破坏，因而保存完整、文字完好。志文字体的点画和结构中蕴含隶书意味，又融入楷书笔法，显得自然精巧、朴实率真。行间、字距变化多姿，大小、长短之间错落合度。整篇气韵贯通，富有强烈的节奏感，可谓是北魏墓志中的精品。

《元谭妻司马氏墓志》1927年于河南洛阳城北安驾沟村西南出土，1935年于右任先生赠予西安碑林。志石长、宽均57厘米。志文标题"大魏元宗正夫人司马氏志铭"。志文20行，满行20字，楷书。元谭妻司马氏于北魏正光三年（522）六月五日卒，正光四年（523）三月二十三日葬。

《元谭妻司马氏墓志》是反映北魏时期孝文帝改革中实行汉化、与汉族通婚的重要碑石之一。北魏时期，司马氏与北魏皇族元氏常通过联姻来巩固彼此的宗族利益。司马氏一族多人娶了北魏皇族公主为妻，也有不少司马氏女子嫁给元氏皇族子弟。根据文献记载和出土文物，已知的司马氏嫁给元氏的有三位，除志主为司马纂长女嫁给北魏孝文帝的侄子元谭之外，还有司马纂的兄弟司马悦的第三

大魏元宗正夫人司徒楊州刺史瑯瑯貞王之曾孫司空冀州刺史鎮遠將軍貞

夫人姓司馬氏河內溫人也司徒楊州刺史瑯瑯貞王之曾孫司空冀州刺史鎮遠將軍貞王之孫南青州刺史歸於元氏慕之族長女夫人稱美德韋備言乙春勸

秋廿四育第七正正光四三年歲次癸卯六月辛酉朔廿五日己丑薨於洛陽之第罷於洛陽之齡永西山澐水之東黯黯深泉浤浤大

夜幽命一重千之齡永西山澐水之東黯黯深泉浤浤大

天臨其海富氏本重巖累構其畫藏鉻新殷厥宗伊舊金行造歷

動昌矣其畫祖來卉世游晼德唯華金牧秀且殷宗其孫鹿微子行歸周

來矣無族發發言斯正庭畫誕兹王華淑令家宛袞正其孫優於子蹝行武弟

麗矣若王神溫其如素庭騰負畫晼王華德金令牧且且容鑑於優柔采昭工歸弟實

飄遼落先服零紛亏若在依壁蘭故始華屋天如彼鏡終遠是兀屬明

天長驅先服恆亏昂於德兹鴍不朽宿情為如非為是馨含芳祁祁來明寶

獻文地皇帝孫觀趙郡王第三子大崇正卿元譚妻此其德兹鴍不朽睠然迴首于嗟燭一別

元譚妻司馬氏墓志拓片

女司马显姿嫁给北魏宣武帝元恪为第一贵嫔夫人，及司马悦的曾孙女嫁给了北魏宗室元景献为妻。

司马氏，名字不详，是北魏扬州刺史、琅琊真王的曾孙女，冀州刺史、琅琊康王司马金龙的孙女，青州刺史司马纂的长女，二十四岁时嫁给北魏皇室元谭。司马氏与元氏都是名门望族，两家之间通婚，可以说是珠联璧合的美事。正如司马氏墓志铭中所说"二族钦风，两门称美"。司马氏出嫁时已经二十四岁，可以说是晚婚了，但婚后三年她便去世，年仅二十七岁，第二年葬于洛阳邙山。

墓志书法平正宽博，疏朗率真，圆融端丽，刚柔相济，点画之间以方见长，以中锋书之，方正而不呆板，生动而不失优美，隶书的遗韵中尽显魏碑的风采。

元诱及妻冯氏、薛伯徽墓志

《元诱墓志》1923年于洛阳城北安驾沟村出土，1935年于右任先生赠予西安碑林。志石长、宽均为78厘米。志文标题"魏故使持节车骑大将军仪同三司都督秦雍二州诸军事雍州刺史恭惠元公之墓志铭"。志文25行，满行25字，楷书。元诱于北魏正光元年（520）九月三日卒，孝昌元年（525）十一月二十日葬。

志主元诱，字惠兴。根据《元诱妻冯氏墓志》记载，元诱是魏吏部尚书常山侯（元英）的第三子。元英在世时，认为世子元熙脾气浮躁，对家族构成威胁，常常考虑改立元略为嗣子。元略坚持不肯取代兄长，使元英打消念头。孝明帝元诩在位时，元略、兄长元熙及次弟元纂都与灵太后所宠幸的清河王元怿关系良好。正光元年七月，侍中元乂与宦官刘腾合谋，诬称元怿谋反而处死他。元熙得到消息后立刻起兵讨伐元乂，但失败。元熙与弟弟元诱、元纂，以及儿子元景献、元仲献、元叔献皆被斩首。志文载："正光元年九月三日，薨于岐州，春秋卅七。捐珠之悲既切，罢市之慕逾酸。虽复冤耻寻申，而松槚方合。"墓志虽然没有说明元诱去世的原因，但根据内容和时间来看，应该与"元熙事件"有直接的关系。

志主葬地位于西陵，应是北魏元氏皇家陵墓区。著名考古学家宿白认为："景、长、定三陵左右毗连，北魏皇室这样安排帝陵，大约还是承袭了盛乐、平城时期

魏故使持節驃騎大將軍儀同三司都督秦雍二州諸軍事雍州刺史恭惠元公之墓誌銘

公諱誘字惠興河南洛陽人也世載台衡之功家承徙祠之業洪源邈於積石層峯峻於崑闌氣蘊煙霞風雲珠異表於崇瑋崖岸之詳從斯可得而略也洪

藝名之苗文父為散騎內侍雄姿烈天子見必魂斷想若對千齡俄絲綸理懿子中春坊初已王子

獻闕妙選官僚一時盡具圖例也對揚三善乃除太子舍人泰州之人

知替公父莫向轉衛尉少御徒令富年愛敬授公都要害左將軍南秦州

仍遠乘傳出入闕襄帷之任實俟令具舉為武公特持節控接彼彰四南泰

荷戈万夫夷歌咸城璋良於岐密謀遙相知和政善其兄太尉彪社稷民敬

刺史傳出闋於鄴城覺於松櫃方合諸謎遣使持節車騎太將

之倾危基建義年九月節歌鄉申而方合秋七贈使持珠之悲既欷切盜濫酷市

日之正光元年復酖雖都督泰雍二州諸軍事雍州刺史都昌縣宰酉於恭

已慕逾三禮同也粵之孝昌元孝二年歲次乙巳十一月壬寅朔世叙都昌縣宰玄石於

軍之儀同三司也盖難息恨曲池之易平綴清塵於眠往勤玄石

惠公怨慕旋蓋之

西陵其詞曰魏之宗室挺生含章卓出栖息琴欠流連道術若

於春芳同茲秋實言襄繼展朝無遺軒墀化成鴻羽愛結龍姿情切風洽

彼程名公少遊郷寺仍建雄旗德隨申寵

儲禁綢絲宴私諫有隱探頭游郷寺仍建雄旗德隨申寵

靡澤與雲舒將隆國祉驅馬高車忽降淫禍歸神大靈宛申寵

鑾令龜從颸杳墻柳鎧鋪鼓鐘風橋宿草霧鵾塞松年茂雖遠

彩終濃

元诱墓志拓片

金陵的制度，即各代帝陵实际都在一处，洛阳北魏墓志常见的'西陵'……可能就是他们的共名。"而景陵、长陵、定陵分别是宣武帝元恪、孝文帝元宏、孝明帝元诩的陵墓。

《元诱墓志》属于北魏晚期的刻石，书法风格由雄强方劲逐渐转变为秀逸潇洒，用的是一种由隶书向楷书过渡的书体。其书法结构方正舒朗、峻健瘦挺，点画流动，渗入圆笔和行书笔法，奠定了隋唐书法风格形成和发展的基础。

《元诱妻冯氏墓志》1923 年于洛阳城北安驾沟村出土，1935 年于右任先生赠予西安碑林。志石长方形，长 60 厘米、宽 53 厘米。志文标题"魏司徒参军事元诱命妇冯氏志铭"。志文 15 行，满行 18 字，楷书。墓志保存完好，字口清晰，仅二三字损坏。元诱妻冯氏于北魏景明三年（502）十一月二十八日卒，景明四年（503）八月葬。

志文中记载元诱夫人冯氏，为冀州长乐郡信都县（今河北冀县）人，燕宣王冯朗之孙女，武懿公冯熙之女。燕宣王是北魏文明皇太后（即冯太后）之父冯朗的谥号。据《魏书·冯熙传》记载，冯朗"官至秦雍二州刺史，辽西郡公。坐事诛。文明太后临朝，追赠假黄钺、太宰、燕宣王"。冯氏嫁给元诱后，孝敬公婆及姑舅等，深得元氏家族喜爱，死后"慈姑抚恸，亲里沾衿"。冯氏去世时年仅十八岁，志文称其为"司徒参军事元诱命妇"。命妇在古代泛称受有封号的妇女，享有各种仪节上的待遇。命妇这一封号随从官员的官爵高低而定，一般多指官员的母亲、妻子。冯氏被封为命妇，体现了冀州长乐郡信都冯氏与北魏元氏皇族宗室和贵族的联姻关系十分密切。

西晋灭亡、东晋南迁之际，北方进入了纷乱的五胡十六国时期，从冀州长乐郡信都冯氏家族走出的冯跋、冯文通兄弟建立了当时唯一的汉族政权——北燕国，这就使冯氏家族势力的发展有了较好的基础与积淀。在北魏时期，冯氏一跃成为显贵，源于以冯文通为首的北燕国在与北魏征战过程中甘愿以诸女充掖庭，尤其是在文明皇后的提携下，使冯氏成为北方的显姓望族。冯太后当政时，冀州长乐郡信都冯氏家族凭借这位杰出女性的荫庇进入鼎盛时期。冯太后及哥哥冯熙的女儿们，或为皇后，或为昭仪，或为皇室子弟姻眷。她们与元姓皇室宗族及显族联姻，从而形成了一个以王室为轴心、以婚姻为纽带的政治性婚姻集团。

魏司徒参军事元诱命妇冯氏誌铭

魏吏部尚书常山侯第二子诱之命妇冯氏其
州长乐信都县人太宰燕宣王之孙太师武懿
公之女承芳诞体沭丽前脩弱龄懷揩陈婦长
宰祉从傅准宋姻於住日敬奉姑舅则陈婦於孙邝
今辰降年弗永瑤华霜坠春秋十有八以景明三年
歲在壬午十一月乙卯朔廿八日壬午卒穀水
里慈姑撫慟亲里沽衿粤□月甲申祔塋北芒
之塋
本系蓑揚爰自文王折華分袟肇建公畢瑤基
霜曉芳檊露謐九棘縣茂三槐疊寶克诞光軀
寔表淵寶唯姿唯行令儀令室四教俳個七
德歙逸□瞻後兹雙方娥是匹天道無亲与善
寔恔眛生□減寶拍榮背日命塋告祥煬龜誨
吉長遂深陰高松驗瑟鎸石傳芳平龄有述

元诱妻冯氏墓志拓片

《元诱妻冯氏墓志》的书法风格在北魏墓志中比较典型，具有"中和"意味，结体与《张猛龙碑》接近，书法工整秀丽，点画精到细致，结字端稳整饬，笔势圆健，线条爽朗，开张有度，意态多端，是成熟而完美的魏碑佳作。

《元诱妻薛伯徽墓志》是北魏时期颇具特色的墓志。虽无撰、书者姓名，但多有新创字，在其他墓志中实属少见。此墓志 1923 年于河南洛阳城北安驾沟村出土，1935 年于右任先生赠予西安碑林。志石呈长方形，长 77 厘米、宽 82 厘

元诱妻薛伯徽墓志拓片

米。志文标题"魏故使持节仪同三司车骑大将军雍秦二州刺史都昌侯元九公夫人薛氏墓志铭"。志文 22 行，满行 23 字，楷书。元诱妻薛伯徽于北魏正光二年（521）四月二十四日卒，孝昌元年十一月二十日葬。

据志文记载，志主为"河东汾阴人，尚书之玄孙，雍、秦二州之曾孙，河东府君之孙，尚书三公郎中之长女……姿芳贞敏，蕴彩淑灵……和声远闻……春秋年三十"。薛伯徽为元诱的继室，她二十七岁时嫁于元诱，三年后去世。

志文书法别具一格，整体平和严整、清健朗润，简静中不失险劲，恬静中不失飞动，情多于意，神多于法。特别是志文中的"长""此女""阿傅"等字，隽永含蓄，欲飞又止，秀丽而不俗媚，放纵而不肆意，是不可多得的魏碑书法佳作。正如康有为先生在《广艺舟双楫》中的评价："魏碑无不佳者，虽穷乡儿女造像，而骨肉峻宕，拙厚中皆有异态。"

丘哲及妻鲜于仲儿墓志

《丘哲墓志》是北魏晚期的墓志，1927 年于洛阳东北马沟村出土，1935 年于右任先生赠予西安碑林。志石长、宽均 45 厘米。志文标题"魏故使持节征虏将军华州诸军事华州刺史丘公之墓志"。志文 19 行，满行 19 字，楷书。丘哲于北魏武泰元年（528）正月二十一日卒，永安元年（528）十一月十九日葬。

墓主丘哲的祖父丘库堆，是镇西大将军、都督定州诸军事、定州刺史、临淮公；父亲丘乞直，是洛州诸军事、洛州刺史；丘哲则是征虏将军、太尉府功曹参军、华州刺史。可见，丘氏家族是北魏时期典型的门阀世家。

北魏孝文帝迁都洛阳后，实行了一系列汉化改革措施。主要内容有：易鲜卑服装为汉服；规定在朝廷上使用汉语，禁用鲜卑语，称汉语为"正音"；迁到洛阳的鲜卑人，都要以洛阳为籍贯，死后不得归葬代北；改鲜卑贵族为汉姓，定门第等级；令鲜卑人与汉人通婚，改用汉制度量衡；等等。北魏孝文帝在洛阳进行的一系列汉化改革，促进了鲜卑族接受汉文化，推动了北方民族的融合。虽然《丘哲墓志》的刻立年代已经是在孝文帝实行改革的三十年之后，但是墓志中仍保留着鲜卑旧官的遗称——《丘哲墓志》中称其历官"乞银曹比和真曹宿卫曹四

魏故使持節征虜將軍華州諸軍事華州刺史丘
公之墓誌
君諱哲河南洛陽人也顧西大將軍都督定州諸
軍事之孫乞銀曹比和真
曹宿衛曹四曹尚書洛州諸軍事洛州刺史乞真
之子少算纓資冠華藻望高祖行文皇帝朝碎狹浴心
照重七歲之年擢為內行內小然行錦群朝碎狹浴石
柱在司未幾遷轉為中散但邊吳瑜越機運逃遷關硤浴石
萬城越超起輊將軍従事默宣武皇帝以知仁剋剪蘭石
偏眂歸誠千戮世宗襄麾娥兵少不時我孫亢
師雖蒙忠逐召廟授未盡誠吳天少以鑒絕我孫亢蘭東
南地廣氣心淪屠八桂於家十春秋五十有七以去武赤
年正月廿一日薨寢於家北芒之南然作銘其辭曰增
丙申蘂月在城西十五里北芒之南故金玉權感增
兩流詠松蘭溟殘追痛以申把故作銘其辭曰
慕兩之夫陵雲自逨灼灼三秀猗猗器婉
晈晈如榮若卷纓珮之資冠組之儀珪瓏以惠蘭竹
之靡抽文錦猷舊武霜奇金玉尔懷何期以永斯

丘哲墓志拓片

曹尚书洛州诸军事洛州刺史"，"乞银曹"是鲜卑语旧官制。

洛阳地区的北魏墓志，绝大部分涉及的是北魏孝文帝迁都洛阳之后的人和事，墓主多是王公或门阀世家人物，墓志的书法风格自然代表着当时铭石书的主流倾向。正如沙孟海先生的总结：孝文帝迁都洛阳初期，墓志书风多属于"斜画紧结"的类型，即字的结构多是伸展撇捺等斜向线，横画的倾斜度也加以强化，字的中宫多收紧。其后，墓志书风的主流逐渐向"平画宽结"的类型过渡，字的结构以方整为主，不再强调斜向线，中宫也趋于宽绰。《丘哲墓志》体现出书者对于字形的把握和控制是很有匠心的。字形在大小上有强烈的变化，同时在方正的基础上，字形呈现出了在不同方向的伸展和收缩，有一种生动、错落之态。在楷法中蕴含隶意，规范严整，且不失热情。又疏密相间，宽博跌宕，藏露结合，质朴自然，笔法厚重，敛锋内转，骨力内含，一波一折、一起一落间体现出浑然天成的意趣。

《丘哲妻鲜于仲儿墓志》1927年于洛阳城东马沟村出土。志石长方形，长52厘米、宽58厘米。志文标题"大魏孝昌二年八月十八日故乞银曹比和真曹匹纥曹四曹尚书奏事给事洛州刺史河南河阴业使君之长子威远将军太尉府功曹参军之命妇鲜于氏墓志"。志文18行，满行20字，楷书。丘哲妻鲜于仲儿于北魏孝昌二年（526）五月二十八日卒，八月十八日葬。

志主鲜于仲儿为渔阳人，父亲是镇远将军赵兴。鲜于仲儿一生聪慧娴静、恭敬孝顺，五十三岁去世，被封为命妇。墓志中称驾部为"乞银曹"，可见其仍保留了鲜卑语对官职的称谓。

此墓志对书法的呈现几乎使人感受不到书写的痕迹和原貌，从中仅能看到刻手的用刀习惯。其字字有力、笔笔断开，流畅连贯的书写之美被短促的刀锋所替代。刻工用刀的力度与风格，使原来书丹的间架结构也被改变，因而墓志中表现出来的更多的是刻而不是写。民间工匠的这种用刀方式和刻制工艺，形成了独具特色的书法风貌，即书体厚实、遒劲有力。

大魏孝昌二年八月十八日故乞銀曹比和真曹辺

紀曹四曹尚書奏事給事洛州刺史河南河陰業使

君之長子威遠將軍太尉府切曹衆軍之命婦鮮于

氏墓誌

夫人諱仲兒漁陽人也父道鎮遠將軍趙興太守之女

夫人敬我順典恭姬率心禮道慕二姒德齊一婦天

少惠折我金蘭地廣心不別珪璋羊五十有三孝於家內外

昌二年丙午五月己亥朔廿八日丙寅羊五十家內外孝

悲慟痛婦功之不避喪歸悼修母道其辝曰新

墓門終先躬英莫容已刊石動静麾麾不朽道偉偉家範諸子

令問不已道德若始慶上春善謙居著先必親家內和諸子新

敬祭如在順終家僅溫深有餘愛信切功無殆蒸世之惠珎

性心和是妹禮躬育是珮則百績斯人天高少鑒碎沒荊之珎環

義烈說府禮躬霞我跡屬母則

子厚無說祇不我躬疏

聲德猶新不茂蘭芬悲滿松風痛結楊雲形跡難漣

丘哲妻鲜于仲儿墓志拓片

元鉴及妃吐谷浑氏墓志

　　《元鉴墓志》是北魏时期豪放率真、拙巧相生的书法作品代表。1928 年于洛阳城北前海资村出土，1935 年于右任先生赠予西安碑林。志石长 43 厘米，宽 46 厘米。志文标题在志末，为"武昌王墓志铭"。志文 19 行，满行 19 字，楷书。元鉴于北魏正始三年（506）五月二十六日卒，正始四年（507）三月二十六日葬。

　　元鉴，字绍达，在《魏书》《北史》中有传，为道武皇帝拓跋珪之玄孙、河南王拓跋曜之曾孙、成王拓跋提之孙、简王拓跋平原之子。他好学沉稳、宽厚和善。父亲去世后，由于兄长元和出家，王爵就传封给元鉴。孝文帝改革时，元鉴担任齐州刺史、征虏将军，率先遵守和执行皇帝颁下的改革准则，并接纳齐州地区的旧有风俗。皇帝大为赞赏，对群臣说：各州刺史如果都能这样做，变易风俗之事又有何难。于是下诏表彰褒美，并将其政绩传告天下。在担任徐州刺史期间，元鉴赈济灾民、惩治腐败，得到百姓拥戴和朝廷嘉奖。

　　《元鉴墓志》是魏碑书法中的代表之作。它古朴稚拙，天真自然，秀态中不乏雄劲，灵妙中透出朴实。结体和用笔中有几分洒脱和俊逸，既体现出书家的个性创造，又有刻工的独特匠心。整体结构舒朗错落，欹正有致，平而不直，直而不僵，或纵长，或扁宽，独具一格，别有魅力。

　　《元鉴妃吐谷浑氏墓志》1921 年于洛阳城北前海资村出土，1935 年于右任先生赠予西安碑林。志石呈长方形，长 50 厘米、宽 48 厘米。志文标题"魏故武昌王妃吐谷浑氏墓志铭"。志文 17 行，满行 17 字，楷书。元鉴妃吐谷浑氏于北魏建义元年（528）七月三日卒，八月十一日葬。

　　志主吐谷浑氏为魏武昌王元鉴妃，是元氏宗室与西域少数民族互通婚姻的又一例证。志文记载"妃吐谷浑国主胄胤安西将军永安王斤之孙，安北将军永安王仁之长女"。《魏书·高祖纪》载，延兴四年（474）"吐谷浑拾寅遣子费斗斤入侍，并献方物"。费斗斤应是吐谷浑斤，即志主的祖父。

　　吐谷浑为西部少数民族，原为鲜卑族慕容氏的支庶。西晋时期，慕容氏的正

元鉴墓志拓片

支由慕容廆率领向辽河流域迁徙，后称为徒河鲜卑，曾在中原地区建立了前燕、后燕、西燕、南燕等政权。慕容氏的支庶，在慕容廆的庶兄慕容吐谷浑的率领下居于抱罕、西平（今甘肃、青海一带），后其孙慕容叶延以吐谷浑为名建立了国家，与北魏也有较为频繁的往来。

《元鉴妃吐谷浑氏墓志》的书法风格是魏碑的一个重要方面。碑石文字线条质朴自然，结体飘逸开张，以长、方、扁相互糅合的形式，形成总体结构与上下气韵之间的协调呼应。从整体上看，几乎无一水平横线，竖线也多呈不同角度的斜势。其独特之处还在于横线、竖线都能在不同水平和不同倾斜之间相互穿插错落、离合聚散，在线条的变化中表现出一种新的平衡方式。其书法跌宕舒展、恣肆纵远，呈现出强烈的动态之美。

元鉴妃吐谷浑氏墓志拓片

赵超宗墓志

　　《赵超宗墓志》2002 年于陕西省长安县少陵原出土。墓碑青石质，高 54 厘米、宽 56 厘米。志文标题"魏故使持节岐州刺史寻阳伯赵公墓志"。志文 15 行，满行 21 字，楷书。无撰、书人姓名。

　　关于志主赵超宗，《魏书·赵逸传》中附载有其事迹。赵超宗，字令和，天水显新县人。近祖曾在南朝为官。赵超宗官历白水、汉中两郡太守，以及左中郎将、寻阳伯、岐州刺史、河东太守等职。北魏永平元年（508）卒。墓志后面未刻常用的铭词，而将皇帝赠封赵超宗官爵的诏制刻于其后，以纪念和彰显赵超宗

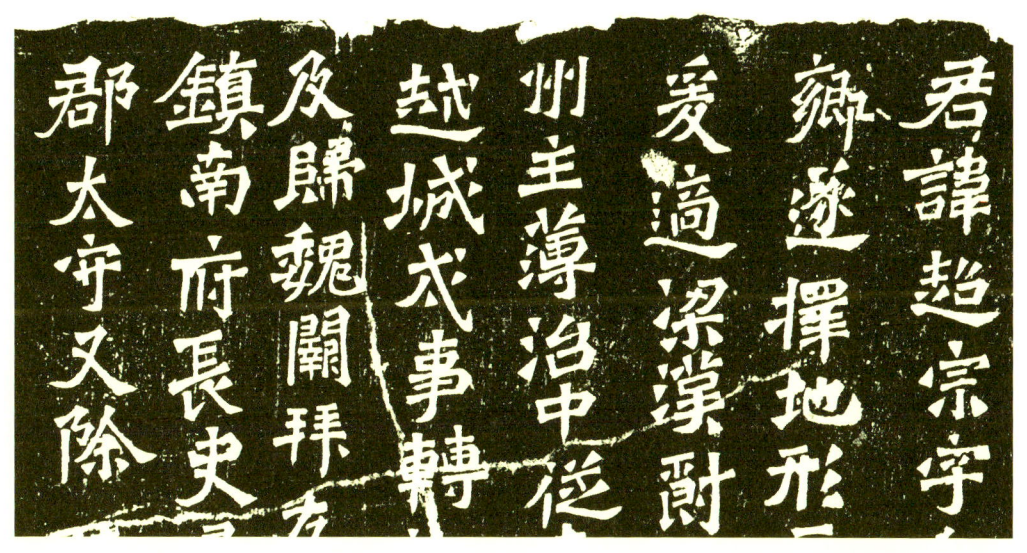

赵超宗墓志拓片

的身份和荣耀。《赵超宗墓志》是研究北魏诏制珍贵的实物公文形态。

这方墓志及同出的《赵超宗妻王氏墓志》所涉及的具有姻亲关系的人物多为魏晋南北朝时的门阀大族，如天水赵氏、河东柳氏、京兆王氏、京兆韦氏、河东裴氏、北魏宗室元氏、陇西李氏等，他们均为魏晋时期的重要人物。此方墓志为研究魏晋南北朝时期的政治、军事、职官、地理，特别是世家大族及其婚姻关系提供了十分重要的实物资料。

西安碑林收藏的北魏墓志中，绝大多数来自于于右任捐赠的"鸳鸯七志斋藏石"，出土于陕西地区的极少，故《赵超宗墓志》显得弥足珍贵，特别是从中可观察洛阳和西安出土的北魏墓志在书风及镌刻上的差异。此志结体欹侧、用笔方饬、刀工洗练，具有典型的魏碑风格，又有不同于"洛阳体"的长安特色。

元晖墓志

　　《元晖墓志》刊刻于北魏神龟二年（519）。志石为正方形，边长75厘米、厚15厘米，志文为楷书。据《洛阳出土石刻时地记》记载，墓志1926年出土于洛阳城北四十里陈凹村。1935年冬天由杨虎城将军运至西安。

　　志主元晖，字景袭，本姓拓跋，为北魏昭成皇帝的六世孙，聪慧好学、韬略过人，深得皇帝赏识，官爵累迁至侍中兼尚书左仆射。

　　此墓志书法极为娴熟自如、清雅超脱，为北魏墓志中的精品。因刊刻于北魏晚期，所以已基本摆脱了剑拔弩张之势，充满了平和之气，既有北碑的沉雄，又具楷书的遒丽、端庄。饶有趣味的是，志文后七行上部的文字与前段文字极不协调且明显粗壮，然字体结构、用笔如出一辙，猜测书者可能为同一人，但由两位刻工分别刻成。

　　此外，墓志四侧以减地阳刻的手法雕刻青龙、白虎、朱雀、玄武四神形象及其他神兽图和云纹。画面充实丰盈、造型洗练生动、线条流畅飞舞，有音乐的律动感，是南北朝墓志石刻中的佳作。

元晖墓志拓片

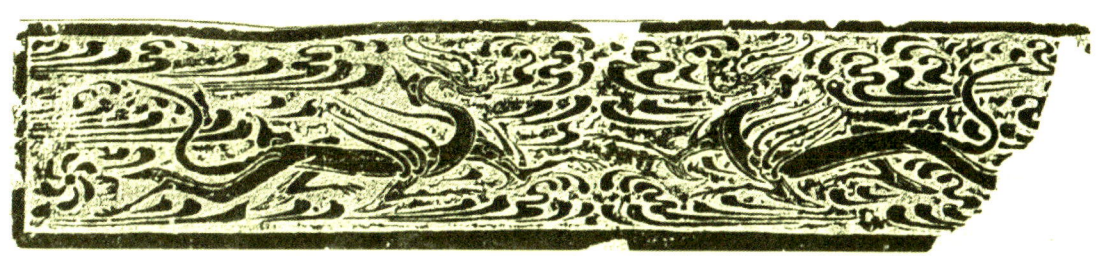

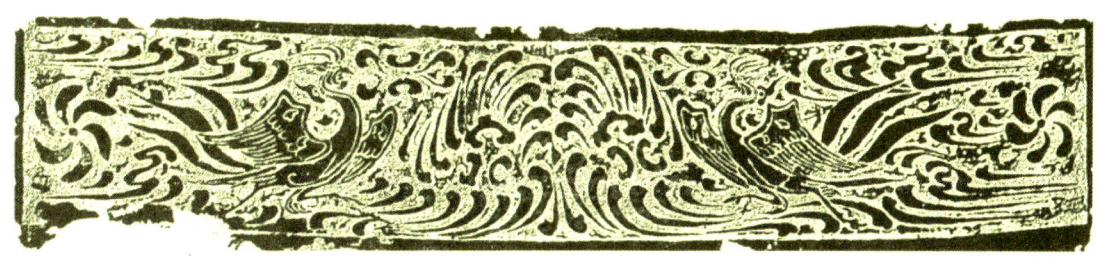

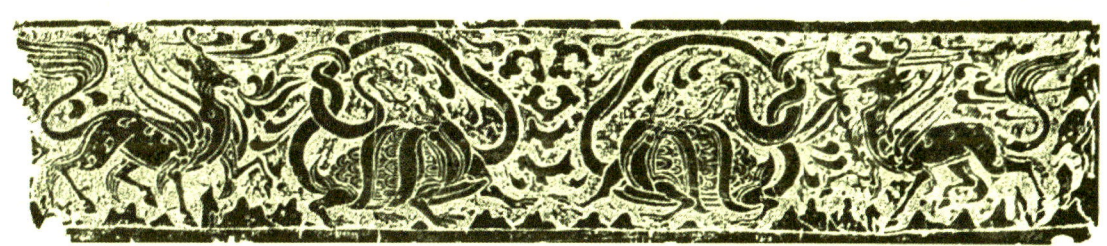

元晖墓志四侧图案拓片

斯潤自始膝庠叟初秀寶令問孔照德
登摳密縫緣廟廊綢綠帷室成務召幾
無俟終日任重必勝德輶斯皋業懋瑣
喤唇桓桓禁祗知人則哲惟昔所難勳
高盧衛譽美陳韓密勿股肱劬勞羽翼
稅駕何遠長鑣已息備彼哀榮身茲加
樹陵谷或遷芳猷永鑴

元灵曜墓志

《元灵曜墓志》刻立于北魏正光四年（523）。志石呈正方形，高、宽均 77 厘米。志文标题"魏故征虏将军平州刺史元使君墓志序铭"。志文 27 行，满行 27 字，楷书。1927 年于河南洛阳北后海资村出土，1938 年于右任赠予西安碑林。

元灵曜，河南洛阳安众乡崇让里人。北魏正光三年（522）卒，年仅三十七岁，由此推测元灵曜当生于孝文帝太和九年（485）。由志文知，元灵曜为恭宗景穆皇帝曾孙，使持节侍中征南大将军启府仪同三司青雍二州刺史京兆康王之孙，荆州刺史之第二子，可谓是北魏的王孙贵胄。他弱冠起家秘书郎，历任司徒骑兵参军、录事参军、轻车将军、尚书殿中郎中、镇远将军、右军将军、骁骑将军等职，死后追赠征虏将军、平州刺史，附葬长陵。志文末增加了元灵曜两位夫人河南尉氏和上谷张氏的父祖信息，这于北魏墓志中较为少见。

志文书体清丽温婉，和缓疏朗。结构和用笔都有较大的随意性，不为一般法则所囿，与北魏前期险峻奇崛、棱角分明的特征有明显的不同。总体而言，简洁肃穆、沉着峻利、翩挺有度是这篇志文的基本特征。书写方面，其以方笔为主，凡点、撇、转角方锐而骨力峻峭，神采外耀，行笔中又以圆笔居多，以圆渗方，表现出了线质的劲健骨力和遒劲内蕴的含蓄美，从而更具有强烈的金石之趣。其笔法运力自然和谐、粗细相间、开张闭合、流布巧妙，字势中宫束紧而跳宕，于交错中顿生变化，将书法与刀法融为一体，艺术生命力跃然纸上。

元灵曜墓志拓片

魏故征虜將軍平州刺史元使君墓誌序銘

君諱靈曜字靈曜河南洛陽人也

恭宗景穆皇帝之曾孫使持節侍中征南大將軍感府儀同三司青雍二州刺史京兆康王之篆孫荊州刺史之第二子

瓊峰芬藹之弱芳於睞孤

少齡容韻優裕早負天資出群更于風則韶韻幼挺不羈茂蔣之華炳蔚簡於睞之

事先王之者也君天資出群更于風則韶韻

王之篆孫荊州刺史之第二子瓊峰芬藹之

內目立童卯外和神朗頎頎非其擬孝宗英峰異愛甫志舌就貞日聲尉外之中灼然慧異愛甫志舌就貞日聲尉麟之孫倩聞緯於鄉習回宗黨感

汪朗頎頎非其擬孝宗英峰字武穆王以帶劍閣轉輕車將軍尚書郎右軍將軍鎮遠廉清顯錫天不吊青

仁司徒德騎孤英威字武穆王以帶劍閣轉輕車將軍尚書郎右軍將軍鎮遠廉清顯錫天不吊青

應司懷然其選正色闈履蹐負明有先佳礼益轉選棄未已加寫泉晨吳

孫崇具選正色闈履蹐至如小心慤敬抱鑑軫方倍鑾跛忳忳未已加寫泉晨吳

登朝闢佩組崇領郎履蹐至如小心慤敬抱鑾軫方倍鑾跛

蘭號尚書郎仍領郎價日隆音斁音斁

軍騎將軍仍領郎價日隆音斁十日戊戌通疾薨於宅時年世

宣熊也檔是聲領郎價日隆音斁十日戊戌通疾薨於宅時年世

汭正光三年歲次王寅十一月己丑朔十日戊戌通疾薨於宅時年世

七哀勵寫靈遷呈軒灼灼夫子孫副峰秀類盡量德字恢恢中貞朝

典委交闈門堂之歐然光芬似溫累似春須秀由歐殘趾報著

國臺受闈門堂之歐然光芬蘭孫瑰珪瑰如春須秀

堂臺沉將驅千里空悲倫交德鶴聲美丘壙深沉松門蕭瑟祕跡錄室玄定旨

衰芄夫子空悲倫交德鶴聲美丘壙深沉松門蕭瑟祕跡播芳錄室玄定旨

冀已沉將驅千里空悲倫交

賀永衰方欠曉晨無日平今難嘯萬古長畢式銘幽父訓侍中尚書博陵順公

天人河南尉氏祖先司徒准陽景中尚書廣平蘭公父倫前將軍司農卿

夫人上谷張氏祖白瀓殿中尚書廣平蘭公父倫前將軍司農卿

魏故征虜將軍平州刺史元使君
君諱靈曜字靈曜河南洛陽安眾
曾孫使持節侍中征南大將軍咸
王之孫荊州刺史之史第二子瓊峰
事光之篆素者也君天資秀之美
少齡容韻優裕早貟出群之才
晉自立童州之中灼然楚異受甫
內朗外和神謨遂遠風德寬明志
汪萬頃北擬孝友此譽凤彰於闇

元崇业墓志

《元崇业墓志》刻立于北魏正光五年（524）。志石呈四方形，高 52 厘米、宽 53 厘米。志文标题"魏故持节辅国将军平州刺史元使君墓志铭"。志文 20 行，满行 20 字，楷书。1927 年于河南洛阳安驾沟村出土，1938 年于右任赠予西安碑林。

元崇业，字子建，洛阳人，历官秘书郎中、录事参军、宁朔将军、员外散骑常侍，北魏正光五年卒。他虽然生前所任官职的品级不高，但死后却享有陪葬孝文帝长陵东北的殊荣。

北魏是中国北方第一个由少数民族建立的王朝。"马上治天下"的北魏统治者拓跋氏，由于采取与汉族士大夫合作的态度，又迁都并实施了一系列的汉化政策，故而在一百五十多年的时间里双方相处得还算比较融洽。我们从志文中可以了解到，元崇业卒于正光五年，年仅三十八岁，推测其生于孝文帝太和十年（486）。这段时间正是孝文帝汉化改革进行得如火如荼的阶段，虽然有一些反对的声音，但就总体而言，改革还是取得了显著的成果。这个时期出生在新都洛阳的元崇业，至孝文帝太和二十三年（499）改革结束时已经十三岁了。这个年龄的官宦人家的子弟，一般都已经接受了大量的儒家文化的教育熏陶。身为北魏皇室一员的元崇业，自然也不例外，或甚而有之。元崇业一生主要活动于宣武帝时期，这一时期基本上遵循、延续了孝文帝时期的改革政策——强调汉化，重视对士人的儒家教育。从志文的描述可以推知，作为皇室成员的元崇业不仅是孝文帝改革的支持者，而且"变礼教，宣风化"，是一位汉文化的优秀实践者。

魏故持節輔國將軍平州刺史九使君墓誌銘

君諱崇業字子建洛陽人也景穆皇帝之曾孫大

將軍陽平幽王之長子君三光降而為靈六氣結而成烈左

僕射宗師之長孫車騎大將軍儀同三司尚書右

秀若高桐峻似人孫岳藻韻清逸談論機發士流

萬頃帝宗藝洋洋之美典素載清高拜秘書郎中隸績麟

事閣鷙校軍君器懷凝挺照橫藻台庭灑落群外

領袖常侍君風量秀爽英拔異流眾侍軒陛儀形獨儁

騎眾軍君風量秀爽為首優賢之舉拜甯朔將軍貞外散

加以文彩豐艷宣風化於槐路而輔仁之慶盡文草

燮之危教於端闈雕華凝辭遠韻昭灼篇憤逝將

露之先集春秋世八三兲五年三月廿七日卒於

第詔贈持節輔國將軍平州刺史礼也其年冬十

一月十四日葬於長陵之東北乃作銘曰

丹陵鬱輝華思出淵談入妙謙沖衿秀愨器宇櫺僬昂

風骨凝峭端思出淵君侯誕載神儀挺照英量高偉

朝振響藻韻清峻情外朗謙光內潤汪汪洞湛亭

尃岳鎮近墜無賒遠期已促霜庭飛素松門窅綠

烏啁噍哀孑踽躚唯茲景行德音如玉

此外，根据这篇志文的描述，虽然元崇业没有在战场上立下显赫军功，所授之秘书郎中和录事参军之职也皆为基层的文职小官，但志文称其"君三光降而为灵，六气结而成烈，秀若高桐，峻似孤岳，藻韵清遥，谈论机发。士流挹其万顷，帝宗叹其千里"，"秉牍麟阁，厘校坟艺，洋洋之美，典素载清"，"文彩丰艳，草丽雕华，凝辞逸韵，昭灼篇牍"。这些赞誉其文采卓然的艳丽文辞，使得《元崇业墓志》在强调军功、忽视文化的诸多北魏墓志中脱颖而出。我们可由此猜测，他本人应是北魏宗室成员中颇有文学素养的重要一员。

　　《元崇业墓志》志文结体庄和疏朗，劲拔雍和，血肉丰美；文字清雅秀正，遒劲俊美；结构严谨工整，微斜取势，俯仰向背，顾盼生情；笔体方圆融合，精致娴熟，放纵与收敛，相夺与相让，均有分寸，恰到好处。这方墓志从书写到镌刻皆平正、质朴而不刻板，堪称北魏碑版中的上乘精品。

于仙姬墓志

　　《于仙姬墓志》刻立于北魏孝昌二年（526）。1926 年于河南洛阳孟津县南石山村旁出土，1938 年于右任先生赠予西安碑林。志盖呈四方形，双勾阳刻标题"大魏文成皇帝夫人于墓志铭"，楷书。志石高 46 厘米，宽 38 厘米。志文标题"魏帝先朝故于夫人墓志"。志文 13 行，满行 15 字，有方界格，楷书。

于仙姬墓志盖

于仙姬墓志拓片（局部）

　　志主于仙姬是西域于阗国的公主、北魏文成皇帝拓跋濬的夫人，生于北魏太延二年（436），经魏文成皇帝礼纳娶回中原。于夫人远嫁魏宫七十余年，孝昌二年二月二十七日卒于洛阳金墉宫，享年九十岁。死后陪葬北魏宗室墓地西陵，享有"太牢"的隆重祭奠。这些都表明于阗国与北魏皇室之间的友好关系。夫人以国为氏，以"于"为姓。有文章就指出志文夫人名讳仙姬，其中"仙"字应是"阗"字的谐音，"姬"则是古代对妇女的美称，"于仙姬"即于阗国的美女之意。

　　于阗国是古代中国西域的重要王国，也是丝绸之路南道的必经之地。据《魏书·西域传》记载："于阗国在且末西北，葱岭之北二百余里……城东三十里有首拔河，中出玉石。土宜五谷并桑麻，山多美玉，有好马、驼、骡。"自魏献文帝时，双方就已经有贸易往来，于阗每年还朝贺魏室。然而，关于于阗国公主远嫁魏宫的事迹，史书中并没有记载。正是通过这方墓志，我们才知道魏文成皇帝还有这么一位来自西域的夫人。

　　《于仙姬墓志》堪称宫廷书刻的精心之作。在方整的界格中充满肃穆、浑朴、刚直的造型结字，用笔方拙，奇逸率真，方而不生硬，劲而不外露，挺而有韵致，在北魏书法中脱颖而出、独具一格，实可谓北魏墓志中极富北方民族质朴、雄浑风貌的精美作品。

魏帝先朝故于夫人墓誌
世曾祖父成皇帝故夫人者西城宇聞
國主女也雖殊化異風飲和若一夫人
諱仙姬童年幼齓早練女訓攻寧齡勤
雅協臺后妃未聖祖禮納寓之訓攻四
九十夔聲扵以太窆金墉醫不殺命去二廿七
日百扵洛陽太窆之墉柒儀同三公追戀無言四
寄聲扵洛陽太窆金墉之柒同三戀無言四
月四日珽扵西堄諡曰恭彼張頌之軏辭曰四
濕濕三饒渾渾大夜姝彼靈人奚頌不化
乘暉入空照彼玄宮匪我留昬銘刊永
終己
月己四日壬申行癸歲次丙午四

于仙姬墓志

杨乾墓志

　　《杨乾墓志》刻于北魏孝昌二年（526），1929 年于河南洛阳后荆沟村出土，1938 年于右任先生赠予西安碑林。志盖呈方形。盖题"魏故清水太守墓志"，3 行，共 8 字。志石呈方形，高 59 厘米、宽 60 厘米。志文标题"魏故清水太守恒农男杨公之墓志"。志文 23 行，满行 23 字，楷书。

　　志文载："公讳乾，字天念，恒农人也。晋故大司马从事中郎龙骧将军都督弥北六郡诸军事开府竟陵太守咸之曾孙，宋员外散骑常侍领著作佐郎，魏故七郡太守冠军将军洛州刺史恒农子辨之孙。"志文详细记述了杨乾先祖历官，据此可知杨乾出身名门；志文称杨乾龆龀之年就袭爵恒农男，可知杨乾应为嫡长子；志

杨乾墓志拓片（局部）

杨乾墓志拓片

文称杨乾耳顺之年构疾,卒于孝昌二年,则其当生于献文帝拓跋弘天安元年(466)。

此志书法意态随和、丰厚畅腴、峻密纵峭、笔情韵致浓郁,具有这一时期行楷之笔的自由洒脱之意。

‖李挺墓志

《李挺墓志》刻于东魏兴和三年（541），出土于河南洛阳。此碑为于右任先生旧藏，1938 年赠予西安碑林。墓志高、宽皆 86 厘米。西安碑林还藏有李挺原配刘幼妃及其第三任妻子元季聪的墓志。

李挺，字神俊，陇西狄道人。根据墓志记载，他是西凉武昭王李暠的玄孙，"风韵秀举，博学多闻"，是当时公认的名士。北魏孝明帝武泰元年（528），契胡部酋长尔朱荣通过河阴之变，将北魏皇室贵族屠戮殆尽，从而掌握了实际政权。李挺因拒绝逢迎尔朱荣而受到排挤。尔朱荣被北魏孝庄帝诛杀后，其弟尔朱兆带兵攻占洛阳，杀掉了孝庄帝。李挺为避祸逃遁，直到北魏孝武帝初年才回归朝廷。东魏建立后，李挺作为外戚仍受到重用，死后追赠使持节侍中、都督雍秦泾三州诸军事、骠骑大将军、雍州刺史、司徒公、尚书左仆射，谥"文贞"。《魏书·李宝传》记其卒于兴和二年（540），墓志记为兴和三年。

西安碑林所藏北朝时期墓志众多，其中有许多能够代表不同阶段书法发展风格的作品，《李挺墓志》便是其一。南北朝时期承袭魏晋书风，是书法艺术史上重要的变革期，是汉字由隶书向楷书发展的基本定型期。北朝书法一直承袭秦汉神韵，糅合了少数民族粗悍豪放的风格，用笔方切刚健、雄峻伟茂、隶意浓厚。北朝书法作品以碑刻、墓志、造像题记、摩崖石刻为主，最为著名的有"龙门二十品"等龙门石窟造像题记。南朝书法则以书帖书法为主，承袭"二王"之风，

李挺墓志拓片

结构多变，笔势精妙，基本上形成了楷书的书写体系，为楷书在唐代走向成熟奠定了基础。随着南北朝时期的文化交流，尤其受北魏孝文帝改革的影响，这种区别发生着融合。河阴之变以前，北朝书法受"二王"书风的影响，逐渐开始脱离隶意，向结构端劲、舒展俊逸的风格转变。然而这种融合交流却被河阴之变打断了。《李挺墓志》刻成之时，距离河阴之变已经过去了十余年，但其书法仍较多地保留了隶意，尤显质朴苍劲、结体率意、气韵流动。其中，"以"字保留了篆书的形态，"号""望""世""小"等字更突出隶书笔法。因此，《李挺墓志》可谓这一时期北方尚古书风再次兴起的典型代表。

李挺墓志拓片（局部）

北齐

赫连子悦墓志

　　《赫连子悦墓志》刻于北齐武平四年（573），于河南安阳出土，1938年于右任先生赠予西安碑林。志盖为覆斗形，四角有铁环，题篆书"齐开府仆射赫连公铭"。志石呈正方形，高、宽均70厘米。志文36行，满行36字，隶书。

　　赫连子悦，字世忻，是北齐一位极其出色的武将，一生历任征南府长史、车骑都尉、济州城局参军、征虏将军等几十种官职，史书记载其在任上"唯以清勤自守，既无学术，又阙风仪，人伦清鉴，去之弥远，一旦居铨衡之首，大招物议"（《北齐书·赫连子悦传》）。赫连子悦，武平四年八月二十四日卒于邺都，享年七十三岁。死后还诏赠使持节都督、晋州刺史等职，其年十月二十三日迁葬于邺城西南十五里处。

　　赫连子悦是十六国时期大夏国的建立者赫连勃勃之后。赫连勃勃，原名刘勃勃，身高八尺五寸，腰带十围，善辩聪慧、仪表不凡、风度翩翩，但生性凶暴，嗜好杀人，没有常规。413年，赫连勃勃下诏书说自己的祖先是从北迁到幽朔的，于是改姓为姒氏，但因为语言和中原不一样，所以随母氏姓刘，然儿子随母亲的姓不合礼，而古人氏族没有常规，有的是用出生地做氏，有的是用祖父的称号做氏，他便根据义理改姓——帝王是上天之子，可以说其美好显赫实际上是与上天连在一起的，于是就改姓称赫连氏，希望能和上天的意愿相同，并长久地享有无尽的吉庆。赫连勃勃有七个儿子，赫连伦是他的第四子，即赫连

赫连子悦墓志盖

子悦的曾祖，被封为酒泉公。最初赫连勃勃将长子赫连璝立为太子，但至元嘉元年（424），又想废太子赫连璝为秦王，立酒泉公赫连伦为太子。赫连璝听说此事后，立即率兵七万北伐赫连伦，赫连伦则率骑兵三万抵抗，但最终在平城败于赫连璝，遂被杀。

北齐是北朝后期已被汉化的鲜卑族高氏建立的政权，是历史上有名的政治黑暗的短命王朝。北齐自文宣帝高洋取代东魏建立"大齐"，至幼主高恒禅位，终为宿敌北周所灭，前后共经六帝，立国二十八年。其间诸帝不仅昏庸荒淫、不思国事，而且宠信专权弄事的奸佞小人，加剧了朝廷的腐化，还误杀了如斛律光和兰陵王这样的北齐名将和军事统领，最终加速了北齐的灭亡。从志文中可以看出，赫连子悦是一位久经沙场、骁勇善战的名将。在他死后的第四年，北齐亡国。一人之力虽不可过分夸大，但也未必没有一丝关联。

北齐政治上虽极腐化，但在文化艺术方面绝非不值一提。在这一时期刊刻

赫连子悦墓志

的响堂山石窟，就具有很高的艺术价值和研究价值。而在北朝晚期直至隋代的
墓志中，出现了一种多追求规整和装饰性的复古隶书，风靡一时。《赫连子悦墓
志》就是其中之一。它通篇布局严谨，复古的隶书承袭汉隶风格尤显规整，又结
体略拙，有北朝书风意趣。

齊故侍中車騎大將軍開府儀同三司左僕射吏部尚

與並諱子字士忻化政代名人自文命開帝之基淳

王太尉比峻悦高祖勃勃氣籠翔野羣俗宗有正雄文

史君雅道尚書祖豆勃知善其神實來賓挺異推頻牧

圓慈和似蕃獻邇尚類積金山之應來賓起家扶搖征南公府

動後利用加竹之生出娌尋除濟州鉄局之年魏后得舉府

價值聖賢奉車都黃落野漢帝取城出刁房之年魏后得舉

在東如石投水除征玄將軍西南道行臺郎中遠徙徙東

壽畫軍有奇正竈或增減隨將軍西南道合臺孫呈異年良

泰隴妖僑竊擾洛水騷彼下民精魂莫守谷高祖以良

公一入轅門行謀蹲組未徙堂陰狡徒萊落除開府長

北周

独孤浑贞墓志

　　独孤浑贞墓位于咸阳市渭城区北杜镇成仁村南 500 米，1993 年冬被盗后由北杜公安派出所查获了墓志及部分陶俑。独孤浑贞墓志盖为覆斗形，盖顶边长 38 厘米，斜刹 7.5 厘米，盖底边长 47.5 厘米，厚 13 厘米。志石为青石质，呈方形。志文标题"周故使持节柱国大将军晋原郡开国公独孤浑贞墓志铭"。阴刻志文 23 行，满行 23 字，有线刻方界格。志石左侧有 2 行刻字，应是志石正面志文的一部分。

　　据志文记载，志主独孤浑贞，姓独孤浑，名贞，字欢憙，系北魏桑干郡桑干县侯头乡随厥里人，卒于北周武成二年（560），享年六十一岁，可推知其生年为北魏景明元年（500）。志文记载了独孤浑贞的戎马生涯。北魏永安二年（529），他随鲜卑贵族陇西王尔朱天光西征关陇。独孤浑贞参与此次战役时为别将，后屡立战功，历任安康郡守、咸阳郡守、东秦州刺史、洛州刺史、燕州刺史。武成元年（559），独孤浑贞以大将军身份随北周柱国大司马景国公贺兰祥西征吐谷浑。第二年卒于长安。独孤浑贞有四子：长子独孤浑长威，车骑大将军，盘川县开国子；次子菩提，应县开国伯；三子祇陁；四子世忠。志文记其"以其年八月五日葬于杜原"。"杜原"是指北杜镇东西二十里范围的塬坡。《魏书·官氏志》记载"独孤浑氏，后改为杜氏"。独孤浑氏部落定居于今咸阳市北杜镇。因部落后改姓杜氏，聚居的村镇也由此改名为北杜镇，村镇附近的高原

独孤浑贞墓志拓片

亦定名为"杜原"。

　　独孤浑贞墓属于西安咸阳国际机场北周墓葬区的一部分，该墓志是研究北周初期政治、军事的重要实物资料，尤其为鲜卑部落迁徙至关中提供了珍贵的线索，对关中咸阳地区方志研究亦有一定的文献价值。

　　此碑书法有明显的北周特点，又隶楷杂糅，略类北周赵文渊书的《西岳华山庙碑》。

元寿安妃卢兰墓志

　　《元寿安妃卢兰墓志》刻于北周大象二年（580），1922 年于洛阳城东马坡村东北出土，1938 年于右任先生赠予西安碑林。志石呈正方形，高、宽均为 66 厘米。志文标题为"魏故使持节侍中骠骑大将军开府尚书左仆射雍州刺史司空公始平文贞公国大妃卢氏墓志铭"，3 行，篆书。志文 26 行，满行 28 字，楷书。其志盖较为特殊，为覆斗形，中间篆书阳刻"大周故卢大妃墓志铭"。志盖的四

元寿安妃卢兰墓志盖

元寿安妃卢兰墓志拓片

角分别嵌入一个铁环，应为下葬时方便提运。这种形制在北朝晚期的墓志中偶见，隋唐以后就逐渐绝迹，这给我们研究墓志形制的演变提供了重要的实物资料。

　　此志书法规整，隶楷兼操。其结体为楷书，用笔上却仍有很多如蚕头燕尾、波挑等隶书笔法，饶有古意。这方墓志反映了北朝晚期的书法风格。

马稺及妻张氏墓志

《马稺及妻张氏墓志》刻于隋开皇二十年（600），于河南洛阳出土，为于右任收藏的鸳鸯七志斋藏石之一，后移存于西安碑林。志石高 51.8 厘米，宽 51 厘米。志文标题"大隋故荡边将军信州典签马君墓志铭"。志文 25 行，满行 25 字，隶书。志石左侧刻有一行字，即"天帝告冢中王气五方诸神赵子都等马老生善人"。志盖呈覆斗形。志盖阳文刻"故荡边将军马君墓志"，3 行，每行 3 字，篆书。志盖四边角刻八卦形纹饰，四刹有篆隶混合书体，杂以天干、地支、五行、八卦、十二生肖兽形图案等，盖术者厌胜之辞。此为隋代以前墓志盖纹饰之罕见样式。

志文称马稺为扶风人，赵武灵王之子马服君之后。马服君即战国时期赵国的名将赵奢，战国八将领之一，主要生活在赵武灵王时期。赵奢熟谙兵法，尤重灵活运用，常诫其子赵括不可满足于纸上谈兵，以出奇制胜闻名，与廉颇、蔺相如

马稺及妻张氏墓志盖拓片

马穉及妻张氏墓志拓片

同位。赵王赐其号马服君，后被封为马姓肇兴始祖。东汉名将马援即为其后。

　　在隋代墓志中，出现了很多以隶书书写的志文，可以说是出现了短暂的复古现象。其书写规整，且趋于美术化，因此与汉隶的奇纵、恣肆、雄浑相比，又有较大的差别。《马穉及妻张氏墓志》书法规整秀丽、结体宽扁，特别是在字体上沿用了很多汉隶中的古体字，为我们展现了隋代隶书的风貌。

孟显达碑

　　《孟显达碑》又名《泾州刺史孟显达碑》，刻于隋开皇二十年（600），原存于西安市湘子庙街，1948年入藏西安碑林。此碑在清宣统二年（1910）于西安城南李王村唐韦顼墓内出土时，发现被加工成石椁盖使用，幸而碑阳向下，故碑文大半尚存。

　　此碑螭首龟趺，高250厘米、宽67厘米。碑阴向上，雕为屋脊形。碑额题"魏故假节龙骧将军中散大夫泾州刺史孟君之碑"，4行，每行5字，篆书。碑文共26行，行49字，楷书。碑阳首行缺38字，第二行缺2字。碑两侧残缺，各缺一行字。碑文撰者不明。

　　碑主孟显达是北魏将领，字令道，武威人。北周武成元年（559）五月卒，终年四十二岁，隋开皇二十年十月二十八日葬于雍州太兴县浐州乡长乐里之原。正史中不见其传。碑文记载了孟显达的家世及戎马生涯。他主要生活在北魏、西魏时期，曾任水曹参军、羽林监加授宁远将军、功曹参军加授辅国将军、中散大夫等职，西魏大统元年（535）参与贺拔胜大破东魏侯景军的沙苑、河桥、弘农、豆军、北呈等战役。卒时诏赠龙骧将军、泾州刺史。

　　隋代是我国书法艺术史上一个重要的过渡时期。一方面，在书法上上承晋代尚韵之俗，下启唐代隆法之风，为唐代书法大繁荣奠定了基础；另一方面，隋朝的统一使南北书风浑融一体，隋代的楷书已将北朝古朴雄强的风骨与南朝温婉雅丽的气韵结合在一起，总体呈现出博雅端秀、峻健清逸的风格。它在结构上崇尚

法度，笔画应矩入规，用笔以圆笔为主，参以篆意隶法，逐步褪去了北碑古朴厚峻的风格，而转向一种秀整妍媚的审美趋向——峻整中见秀媚，规矩中多变化，韵味淳厚，各有新姿。然而隋朝国祚短暂，为后世留下的书法作品并不多。

《孟显达碑》的书法秀雅放逸，笔势娟秀圆润，圆笔方转，结字冲融婉媚，属秀逸娴雅一路，可与被称为"隋碑第一"的《龙藏寺碑》相媲美，能很好地反映隋代的书法风格。此碑出土时间较晚，保存完好，清代前未见著录，拓本极少。通篇一千多字一气呵成，字字在格且气韵生动。字呈扁形，宽阔疏朗，清极方正，有雅秀逸静、风神潇洒、端整劲健之感，称得上是楷书的一种范本，对虞世南、褚遂良的书法亦颇有影响。在以圆笔方转、风神疏朗为代表的隋代书风中，《孟显达碑》无疑是上乘之作。方若《校碑随笔》评其曰："开虞、褚先声，较《龙藏寺》尤谨严。"吴昌绥为孟碑拓本题跋："此处隋代士大夫手，风格闲雅，信本、登善皆其晚进尔。"

孟显达碑拓片

父君諱顯達字令遷武威人也開源
以長庶稱孟因以孟而為氏焉
俟具論祖天龍少有文武俗號神君信
稍遷藍田縣令時稱善政愛結子孫經
好雕蟲小道壯夫不為爲燭以廠帝發
畢至未及由士縣奄承風素冑遽於唐
贈秦州南由縣君承目不逯於間
彈舡柚經心靡失君遇目不通桂超
在超凱卑冀獨立執計疏府通而巳其
經當至河冀難將廣平計疏通而巳
月蒙授薄難將平又遷討

‖王荣及妻刘氏墓志

　　《王荣及妻刘氏墓志》刻于隋仁寿四年（604），民国时期于河南洛阳出土，1938 年于右任先生赠予西安碑林。志盖标题 "魏宁朔将军左箱直长王君刘氏等墓志"，4 行，篆书，略带鸟虫篆。志石呈正方形，高、宽均 57 厘米。志文 24 行，满行 24 字，有界格，隶书。

　　志主王荣，字文贵。他本是并州太原人，后归为洛阳人。祖王仪，曾在北魏任骠骑将军、并州刺史。父王寿，官历龙骧将军、东莱郡守，赠襄州刺史。王荣在北齐任宁朔将军、左箱直长等职。北周大成元年（579）卒于邺城。其妻刘氏"孀居二十五载"，卒于洛阳。其子女将王荣灵柩由邺城迁至洛阳与刘氏合葬。志

王荣及妻刘氏墓志拓片（局部）

王荣及妻刘氏墓志拓片

文未刻下葬时间，推算应在隋仁寿四年。

此志隶书，布局疏朗，结体严整秀丽。碑文虽承袭汉隶，但有楷书结构，饶有意趣。这方碑石应属隋代隶书墓志之上品。

‖解方保墓志

　　《解方保墓志》刻于隋大业六年（610），1999年于西安市南郊长安县（今长安区）一带出土。墓志高50厘米，宽49.5厘米。志文标题"大隋殄寇将军奋武尉右屯卫步兵校尉解府君之墓志"。志文19行，满行19字，楷书。无撰、书人姓名。

　　志文较为详细地记载了解方保的生平历官，知其曾任殄寇将军、奋武尉、右屯卫步兵校尉，曾参与北齐、西魏之间的战争及北周末年对王谦的讨伐战争。

　　统一后的隋朝在书法艺术上也完成了南北融合。一方面，它摒弃了南朝贵族书风中的华而不实之态，同时保留并继承了其秀逸、清劲的风格；另一方面，不遗余力地吸收北朝书法的刚健、挺拔、朴茂、雄浑，使得书法向整齐化、技法化、功利化方向不断发展。

　　这篇志文通篇气脉相贯，结体平正宽博、婉丽清疏，用笔细劲挺拔。在风格上，上承六朝碑石之余意，追钟繇之遗风，下开唐楷之先声，窥欧阳询之清骨。在用笔上，汇南北笔法于一体，方圆结合，一洗北碑线条平直、简单的形式，出现了线条之间的粗细变化、节奏变化及曲线的美感。在章法上，由错落恣肆的状态而渐趋整齐有序，这是唯美主义书风的萌芽。这一书风对初唐书法劲瘦秀美艺术风格的形成产生了极大的影响。

　　这方墓志的线刻纹饰也极为华美。志文四周环刻双排联珠纹与缠枝蔓草纹。这样的纹饰组合在同时代的其他墓志中极为少见，但在唐初的《李寿墓志》和《张士贵墓志》的志盖上却发现有这种图案，猜测三者之间应有些许关系。此

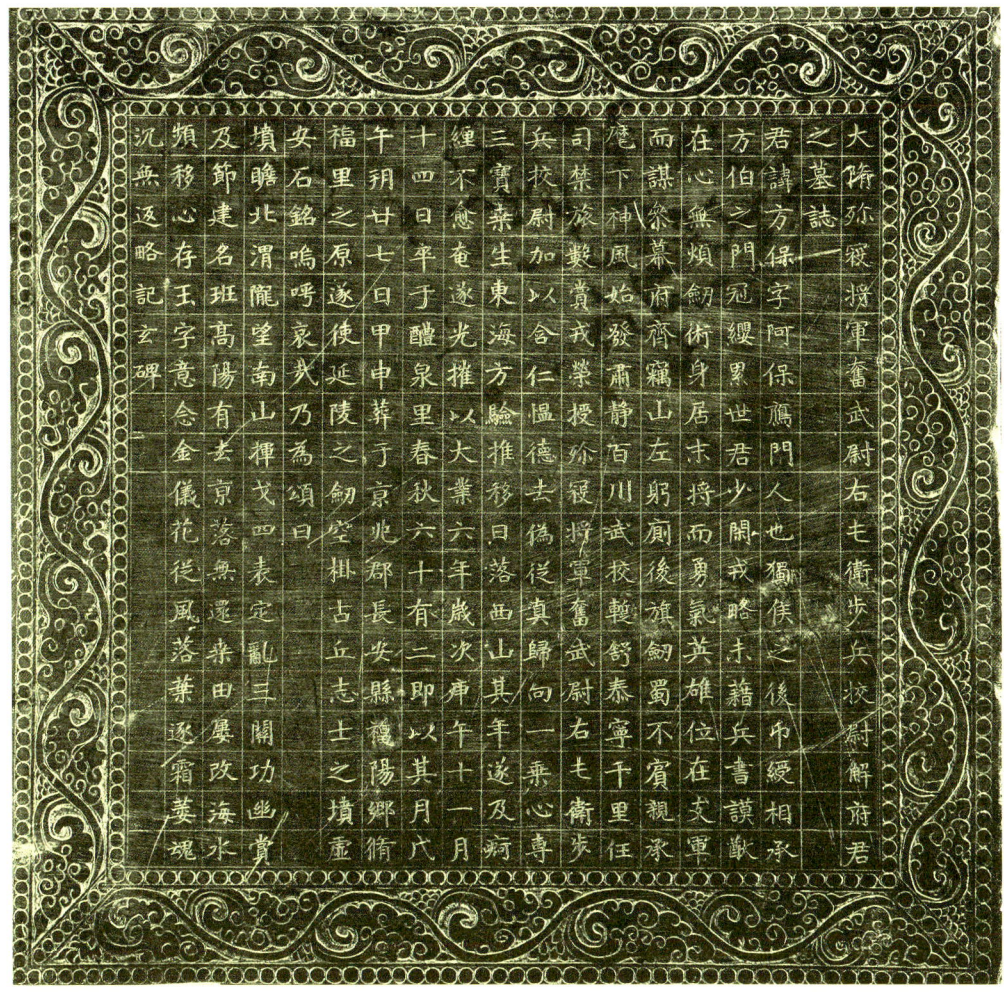

解方保墓志

外，在志石四侧还线刻有十二生肖动物原形图案，每侧三组生肖，分别置于壶门内，皆做奔走状，形象十分生动、逼真。十二生肖图案在隋代及唐初的墓志上多表现为写实手法，也就是刻成动物的原形，呈现出或静止或行走的状态，周围再配以花草图案作为衬托，突显出装饰的主次效果。到了唐中后期，以至五代、宋代，墓志中则多见神化的十二生肖图案。这种神化的动物为人身兽首，着长袍，执笏板，整体风格更加生活化。《解方保墓志》中的十二生肖图案表现为写实手法。就总体而言，其刻工极为严谨、精细，但是画面整体略显生硬，应属典型的隋代风格。

　　《解方保墓志》虽然没有留下志文的撰者、书者及刻工等重要信息，但无论从装饰纹饰还是志文书法来看，都堪称隋代墓志之精品。

解方保墓志拓片

大隋弥寇將軍奮武尉右屯衛步兵校尉解府君
之墓誌
君諱方保字阿保鷹門人也獨俟之後巾綬相承
方伯之門冠緌累世君少閑戎略未藉兵書謨歐
在心無煩劍術身居末將而後勇氣英雄位在支軍任
而謀粲幕府齊窺山左躬挺揵劍蜀不賔親承
麾下神風始發肅靜百川武校奮武尉右屯衛步
司禁旅數賞戎榮授弥寇將軍奮武尉右屯衛步
兵校尉加以含仁慍德去偽從真歸向一乘心專
三寶兼生東海方驗推移日落西山其羊遂及病
絲不愈奄遂光推以大業六年歲次庚午十一月
十四日卒于醴泉里春秋六十有二即以其月廿代
午朔廿七日甲申葬于京兆郡長安縣福陽鄉衎
福里之原遂使延陵之劍空掛古丘志士之墳虚
安石銘嗚呼哀哉乃為頌曰
及節建名班高陽有去京落無還兼田屢改海水
墳瞻北渭寵望南山揮戈四表定亂三關功幽賞
頻移心存玉字意念金儀花從風落葉逐霜萎魂
沉無返略記玄碑

智永真草千字文碑

　　智永《真草千字文》流传于世的有两个版本：一个是唐代就流传到日本的墨迹本，为纸本、册装，计202行，每行10字；另一个是北宋大观三年（1109）薛嗣昌据长安崔氏所藏真迹刊刻上石的"关中本"，现存于西安碑林。西安碑林所藏《智永真草千字文碑》即根据智永《真草千字文》"关中本"雕刻而成。此碑螭首方趺，通高356厘米、宽102厘米、厚31厘米，碑文以真草二体书写。

　　《千字文》是南朝梁武帝命周兴嗣用王羲之的字体，将一千个不重复的字编为四字韵文，介绍有关天文、地理、宫室、器服、礼乐、法制、饮食、游观、技艺及励学等的知识，用以教授宫中子弟。此文一经颁布，便成为学童识字、习字和读书的范本。后此文流入民间，流传至今。

　　智永是王羲之的第七代孙、王羲之第五子王徽之的后代。本名法极，后舍家入道，居山阴永欣寺，人称"永禅师"，生卒年不详。他历经陈、隋两朝，是当时极负盛名的书法家。

　　《真草千字文》为智永传世的代表作，在历朝历代不同书体、不同风格的《千字文》中，影响最大，书法地位也最高。《真草千字文》是他晚年以当时的识字本《千字文》为内容，用真草两体写成的四言文章，便于初学者诵读识字。据说他临写了八百多本《千字文》，用废的笔堆放起来像一座冢一样。"退笔成冢"的典故，即由此而来。

　　智永《真草千字文》是真书（亦称楷书、正书）和草书并举的佳作。此文书法在真书的工稳严谨中强化了草书自由活泼的成分，又在草书的自由活泼中强化了真书工稳严谨的气质，实现了两种书体的有机结合。整篇文字法度谨严、一笔不苟，尤其草书各字分立，在用笔上又藏头护尾、一波三折，且运笔精熟，飘逸之中犹存古意，温润秀劲兼而有之。

关于智永所书的《真草千字文》，历代评述颇多。宋米芾在《海岳名言》中称赞："智永临集千文，秀润圆劲，八面俱备。"苏轼评："精能之至，反造疏淡。"清何绍基评曰："笔笔从空中来，从空中住，虽屋漏痕，犹不足以喻之。"清梁巘在《承晋斋积闻录》中评曰："隋楷莫佳于智永《千字文》。今世所传《乐毅论》《黄庭经》诸帖皆不如《千字文》。"

智永真草千字文碑（碑阳）拓片

初唐

孔子庙堂碑

陈列于西安碑林的《孔子庙堂碑》，其原碑由初唐四大家之一的虞世南奉敕撰文并书写，又蒙相王李旦（后来的唐睿宗）亲笔篆额，曾屹立在唐长安城国子监内最显要的位置上，供朝臣和贵胄子弟们瞻仰。它虽出自名家之手又受皇室荫护，但也未能躲过唐末战乱的劫难。直至宋代王彦超据旧拓重新摹刻一石，才让这方千古名碑得以重生。其重刻之碑在西安碑林的庇佑下传承至今。

这方宋代重刻的《孔子庙堂碑》通高 280 厘米，宽 110 厘米。额题"孔子庙堂之碑"，2 行，每行 3 字，篆书。碑文 34 行，满行 65 字，楷书。安祚刻字。

《孔子庙堂碑》源起于唐武德九年（626）十二月。是时，刚刚登基的太宗皇帝李世民下诏，要在长安城国子监内兴建专用于祭拜先圣孔子的庙堂，这在当时算是一项提升孔子地位的历史性举措。因为在此之前，国子监内并无单独的孔庙，对儒家创始人孔子的祭祀是与周公的祭祀一同进行的，并且是以周公为主位，孔子享配祀。太宗皇帝的诏令将孔子提升到至圣先师的地位，不但为他单独修建了宏伟的庙堂，还定下了"主祀孔子，颜回配享"的庙堂格局。孔庙建成之后，国子祭酒杨师道等奏请勒碑记颂，于是太宗皇帝诏令虞世南撰文并书丹刻石，此即《孔子庙堂碑》。碑文中未刻建碑年月，因唐武德九年年底才下诏始建孔子庙堂，据此推算，碑石的建成最早应在第二年，即贞观元年（627）以后。

太宗皇帝将撰、书碑文两项重任交由虞世南一人完成，足以想见虞世南在初

孔子庙堂碑拓片

唐文坛中的地位。事实上，虞世南在以书法扬名之前，已经凭借深厚的学识和才华名重朝野。隋大业年间，虞世南编纂了一百六十卷的《北堂书钞》，又与其他文学之士编纂《长洲玉镜》等类书十余部，此后大行于世，成为一代名儒。入唐后，他雕文绝世的才华甚为太宗器重，官至秘书监，封永兴公。唐贞观年间，虞世南奉敕与欧阳询在弘文馆教示楷法，其书法与欧阳询并名于世。太宗皇帝曾赐予虞世南五绝的赞誉，称："世南一人，有出世之才，遂兼五绝。一曰忠谠，二曰友悌，三曰博文，四曰词藻，五曰书翰。"因此，当太宗皇帝决意刊刻这方分量极重的纪颂碑时，把撰、书的重任交到了有"出世之才"的虞世南手中。落成后的孔子庙堂位于国子监内紧邻大门的显著位置上，而虞世南撰、书的《孔子庙堂碑》得以在此蜚声海内。

据传原碑在刻成后不久就遭遇火灾而焚毁，武周时期武则天敕令相王李旦重建，刻成后由李旦亲自以篆书题写"大周孔子庙堂之碑"的碑额。另一说为，武周时期原碑未毁，只是由李旦奉敕加刻碑额。此二说至今尚无定论，给这块名碑扑朔迷离的身世又增添了一个谜团。但可以肯定的是，唐代所刻之碑在唐末五代时即已毁失，直到北宋初年永兴军节度使王彦超据旧拓摹刻一方，立于京兆府孔庙之内，后来入藏西安碑林，成为虞世南传承至今的唯一书迹刻石。

从唐太宗对虞世南的评价中，我们可以看出虞世南是一位温良、儒雅的谦谦君子，所谓"君子藏器"，其文风、书风也因此带有几分含而不露的内敛之气。《孔子庙堂碑》作为虞书的代表，其用笔含蓄稳健，笔画转折处少一分锐硬的顿挫感；结体平实端庄，但又不失从容不迫的舒展。正如《续书断》所言："故其为书，气秀色润，意和笔调，然而内含刚特、谨守法度，柔而莫渎，如其为人。"如能细读碑文，还可体味到其熠熠文采之中蕴含的沉雄、庄重感，当之无愧是"字如其人，文如其人"。

成俗懷經鼓篋攝齋趨奧並鏡雲披

偃玄風於聖世聞至道於先師仰彼

學闡皇風於千載安可不贊述徽

秀丹角珠庭探賾索隱窮幾洞冥述

鼇海躍長鯨解澁去佩書燼儒坑篆

友馳星分地裂蘋藻莫莫山河已絕

奄有神器光臨大寶比蹤連陸追風

風清雲開春牖日隱南榮鏗骹鐘律

進撿校太師兼中書令行京兆尹上柱國瑯琊郡開國公食邑四千五百

孔子庙堂碑拓片（局部）

皇甫诞碑

　　唐代书法，首称欧虞，"欧"即欧阳询。欧阳询所书碑志，宋人《宝刻类编》著录有三十三石，但流传至今的仅区区几方。西安碑林所藏《皇甫诞碑》即为其中之一。

　　《皇甫诞碑》通高 314 厘米，宽 90 厘米。额题"隋柱国弘义明公皇甫府君碑"，篆书。碑文标题"隋柱国左光禄大夫弘义明公皇甫府君之碑"。碑文 28 行，满行 59 字，楷书。于志宁撰文，欧阳询书。唐贞观年间（627—649）刻成，原立于西安市南郊鸣犊镇附近的皇甫川。

　　这方由初唐楷书名家欧阳询所书的碑石，是为隋代一位故去的官员刻立的。此人名叫皇甫诞，隋时官至尚书左丞，仁寿四年（604）死于汉王杨谅之难，终年五十一岁。当年隋炀帝杨广即位，并州总管杨谅率太原之甲，拥河朔之兵谋反，身为并州总管府司马的皇甫诞因劝阻而被杨谅所杀。三年之后，迁葬于国都大兴城鸣犊镇，即今西安市长安区。皇甫诞死后并未立即刻碑，直到唐贞观年间，其子皇甫无逸地位日渐显达，才邀请到于志宁、欧阳询撰书刻碑，以颂功德。《皇甫诞碑》未刊刻立碑年月，据于志宁和欧阳询所署官职推算，当刻立于贞观年间。此时欧阳询已年近八旬，已届耄耋高龄，书法造诣日趋炉火纯青。隋代臣子皇甫诞一定没有料到，他的名字借由一位书法大家的手笔得以名垂千古。

　　欧阳询（557—641），字信本，潭州临湘（今湖南长沙）人。十三岁时，因父亲获罪而导致全家抄没，独欧阳询幸免于难，由父亲的挚友江总收养。这位文

皇甫诞碑拓片

若豐起蕭墻禍生蕃翰強踰七
朝邾人也昔立効長丘樹績東
藥郜儁在史牒可略言焉曾祖
車騎大將軍儀同三司膠涇二
橫釖挫杵威重冠軍拃瑞蕃絛
寧取訓於橋梓鋒剌犀象百練
之宏冒見魏主斯故包羅眾

学及书法造诣都为世人称道的养父，给了自幼孤苦的欧阳询无微不至的关怀，让他能够从小博览经史、研习书法，最终成长为学贯古今、笔法绝伦的大书法家。隋代时，欧阳询一直蹶于仕途，却因善书而名重长安，当时很多王公大臣的碑志都邀请欧阳询书写。入唐后，欧阳询终于在六十多岁时获得了一生中最显达的职守——五品给事中，并且奉诏参修《陈书》、领修《艺文类聚》。《艺文类聚》，这套多达一百卷的巨著，收集了汉至隋的大量辞章名篇，至今仍是查阅隋以前佚散文献的重要著作。欧阳询对唐代书法的贡献尤堪卓越。在整个"尚法"的唐代，欧书作为初唐法度堪称经典。其楷书尤为精妙，表现出风神凝重、法度森严、结体沉稳、形势峻爽的特点，世称"欧体"。

《皇甫诞碑》是欧阳询的代表作之一，其书法结构完美、法度严整、骨气劲峭，历代论书者皆以此碑为欧书险峭之笔。如清杨守敬《学书迩言》评曰："欧书《皇甫诞碑》最为险劲，张怀瑾《书断》称其森森焉如武库矛戟，此等是也。"细观此碑，其字内敛紧缩、字形取瘦长之态、点画有欹斜之势，在用笔上保持了险劲锐利的北碑风度，在结构上又呈现出严密无懈的空间美感。再观此碑，想象欧阳询挥舞手中之笔，以笔画线条巧妙地构筑出如"孤峰崛起，四面削成"或"若山形中裂，水势悬流"的险劲之势，恰能体味到书法的绝妙意境。

阿史那婆罗门墓志

2005 年 10 月，西安碑林从西安市东郊灞桥区灞河东岸征集到一方唐代墓志，志主是唐代颉利可汗之子阿史那婆罗门。该墓志呈方形。志盖题"大唐故屯卫郎将赠那州刺史阿史那婆罗门志铭"，5 行，共 20 字。志文 15 行，满行 15 字，楷书。无撰、书者姓名。

根据志文记载，志主是唐代东突厥颉利可汗阿史那咄苾之子阿史那婆罗门。颉利可汗是唐代东突厥的首领，其事迹在新旧《唐书》均有记载。在他的统治下，东突厥曾多次与唐朝开战。其间，626 年，颉利可汗率军队入犯唐长安城外的渭河边。据史料记载，情急之下，唐太宗亲临渭河边与颉利可汗展开对话，他晓之以理，东突厥才最终同意与唐朝签订盟约。贞观四年（630），唐朝趁东突厥内外交困之际，由大将军李靖率军彻底击败了颉利可汗的军队，还活捉了颉利可汗及其家人，从而彻底消除了东突厥对唐王朝的威胁。

据史料记载，颉利可汗被捉到长安后，唐太宗对其采取了怀柔政策，授其三品右卫大将军职位，还赐予田宅。但习惯了游牧生活的颉利可汗对长安城的生活很不适应，常与家人相拥而泣，终在 634 年时卒于长安。唐太宗闻讯，追封他为"归义王"，并"命国人从其俗，焚尸葬之"于灞水之东。千百年来，关于颉利可汗的葬地多有揣测，其子墓志的出土，为研究者提供了重要的线索。唐太宗死后，高宗皇帝命人制作了十四尊太宗时期归化的诸藩首领的石像仪卫于昭陵之前，其中就包括颉利可汗阿史那咄苾。

阿史那婆罗门墓志盖拓片

　　根据史书记载，颉利可汗有二子，一个叫叠罗之，另一个叫欲谷设。近年在洛阳出土一方阿史那感德墓志，记载颉利可汗曾有一子名阿史那特勤。这方《阿史那婆罗门墓志》记述志主为"右卫大将军归义荒王咄苾之子也"，说明颉利可汗之子尚有阿史那婆罗门，这对我们研究颉利可汗的家族世系极为重要。

　　阿史那婆罗门的名字婆罗门，原本是印度种姓制度中一个阶层的名称。据有关专家考证，从唐到五代之际，婆罗门一名常见于当时的北亚及西域地区。志主所任之屯卫郎将是唐代的正五品武官，日常司职宫廷戍卫，为南衙禁军之列。

　　此方墓志体量不大、字数不多，但内容可补新旧《唐书》有关突厥章节之不足，为研究东突厥颉利可汗的家族世系、入唐后的处境及归葬地等方面提供了重要线索，因而具有重要的史料价值。

大唐故右屯衛郎將阿史那婆羅門墓

誌銘并序

阿史那婆羅門者右衛大將軍歸義荒

王咄苾之子也咄苾本窦厥頡利可汗

自奄有龍荒歷年永久熾遘周貌尬燕

軒轅□□□□稜感廷暢削祉知歸君以

翦齡入豢戎旅勤宣之美着於

階圍稍霎右屯衛郎將以永徽二年五

廿七日遘疾卒官有詔哀傷追

史以六月廿日葬於灞水原其銘曰

崇禮袟贈使持莭那州諸軍事那州刺

偉哉若人忠義克舉遠身龍漠絜名禁

旅風着勤誠奮套寒暑方申許略式奉

愍榮損鬱千里沉魂九泉一辭

昭運永悼佳城

阿史那婆罗门墓志拓片

王女节墓志

　　《王女节墓志》2011 年于西安南郊韦曲以北的凤栖原畔出土，2012 年年末入藏西安碑林。志盖高、宽均 56.5 厘米。志盖标题"大唐故江国夫人王氏之墓志"，4 行，共 12 字，每行 3 字，阳文篆书，有方界格。盖题四周线刻缠枝蔓草纹，四刹线刻四神及山峦、树木图案。盝顶高、宽均 43.5 厘米。志石高、宽均 56 厘米。志文 23 行，满行 23 字，楷书，有方界格。无书者姓名。

　　王女节，字修仪，出身于临沂琅琊王氏，为西晋丞相王导后裔。十二岁时与陈义阳王、唐江国公陈叔达结为伉俪，于南朝陈祯明元年（587）拜为义阳王妃，唐武德八年（625）从夫之秩，拜为江国夫人。

　　此墓志志文字势高耸而结构欹侧，上疏下紧，重心偏低，笔势险劲而森严峻挺，折笔方峭，出锋刻厉，且巧用垂露替代钩法，书法风格类似于贞观年间的《皇甫诞碑》与贞观十一年（637）的《温彦博碑》。

　　结合新出土的贞观十一年刻《唐侯君集母窦娘子墓志》、贞观十四年（640）刻《邓通夫人任氏墓志》和贞观十五年（641 年）刻《丘师墓志》，它们的书法风貌皆与《王女节墓志》如出一手，而推其年代，亦皆在张怀瓘《书断》所云欧阳询"以贞观十五年卒，年八十五"之前。王女节与陈叔达夫妇皆为陈朝移民而入长安者，而欧阳询的身份亦是南人入北的陈朝移民，且更有一同历隋而入唐的家国情结，所以欧阳询为故国陈朝王妃书写墓志自然是极近情理之事。另外，据《旧唐书》记载，武德七年（624）诏欧阳询与陈叔达撰《艺文类聚》，武德九年

王女节墓志盖拓片

（626）又在楼观台竖立了由欧阳询撰序并书、陈叔达撰铭的《宗圣观记碑》，可知二人必定有着深厚的官场与文场交谊。由此可知，《王女节墓志》当出自欧阳询之手。对于此志书者的确认，可以为《唐侯君集母窦娘子墓志》《邓通夫人任氏墓志》和《丘师墓志》的书者亦当为欧阳询其人而提供佐证，并可以为一直不能考详的《皇甫诞碑》的书刻年代添加了几例可能在贞观十年（636）前后的证明，甚至还可以缘此而探讨为何贞观六年（632）的欧阳询《九成宫碑》，会被后世尊为"率更楷法"的先驱。

王女节墓志拓片

姆保莫敢或遑隨季分崩人皆敢
謨英略扦御媛徒武固境寧亦曲
足授手江公推誠有奉經緯帝載
八年從夫之秩拜江國夫人顯庸褒
統家有制教子義方必光忠孝
夷與善襄應以貞觀十年七月
年六十五仍以其年八月代年人
年縣義善鄉興壽里山礼也夫人

道德寺碑

　　《道德寺碑》螭首方座，高 292 厘米、宽 93 厘米、厚 27.5 厘米。碑阳额题"大唐京师道德寺故大禅师大法师之碑"，共 16 字，篆书。碑文 30 行，满行 65 字。无撰文者姓名，署吏部文林郎到范书。碑文没有明确的刻立时间。文中出现的最后纪年是唐显庆三年（658），因此一般认定其为唐显庆三年后刻。1950 年于西安市西郊梁家庄出土。

　　隋唐时期是我国佛教发展的高峰期，作为当时国都的长安更是佛教文化传播的中心，是将佛教本土化、中国化的重要地点，因此城中寺庙林立，几乎覆盖了大多数的坊里。《道德寺碑》记述了隋唐长安城中一座重要的比丘尼寺院——道德寺的创建、迁移过程，以及该寺院三位曾经服务于皇室的比丘尼大德善惠、玄懿、十善的生平事迹，而此碑亦是迄今为止关于这座寺院的最可信也是最详尽的资料。

　　据碑文记载，尼善惠和玄懿均来自山东地区，乃当地知名大德。隋开皇十年（590），尼善惠和玄懿应诏来到长安，从此出入宫禁，活跃于后妃之中。开皇十二年（592），隋文帝赴泰山封禅，尼善惠一同前往，隋文帝在齐地下敕为她修建了天华寺。开皇十五年（595），隋文帝返京时，尼善惠又随驾入京，荣宠更甚以前。隋炀帝即位后，在大业元年（605）下诏命尼善惠、玄懿作为元德太子杨昭的戒师，并下敕在长安城的弘德里修建了道德寺。两位比丘尼卒后，丧事也由官方出资料理，可见荣宠之盛。唐贞观二十三年（649），道德寺原址改

道德寺碑（碑阳）拓片

道德寺碑（碑阴）

道德寺碑（碑阴局部）

为崇圣宫，道德寺移往长安休祥坊，与隋元德太子杨昭为尼善惠、玄懿所立的慈和寺合并，仍名道德寺。唐玄宗先天二年（713），为昭成皇后追福，将道德寺改名为"昭成寺"。

《道德寺碑》碑阴篆书题"道德阿弥陀像"。碑石上半部分开龛造像，为隋唐石窟造像常见的"一佛二弟子二菩萨二天王"组合，采用浮雕形式。其构图安排巧妙、造像庄严生动、雕刻技法娴熟，是典型的唐代风格。下半部分为线刻尼善惠、玄懿及二十名弟子的写实线刻图像。每一个比丘尼的形象都恬静而矜持，神貌如生、衣饰写实，加上整齐划一的布局和姿势，使整个画面处在一种肃穆的宗教氛围之中。这些比丘尼就是碑文中所记载的来自齐境，追随尼善惠、玄懿入京的弟子，后以尼善惠、玄懿为首组成了道德寺尼僧教团。

这一方碑刻中包含的比丘尼信息如此丰富，是目前为止所发掘的碑刻资料中仅有的一例，为我们解读比丘尼这一特殊群体提供了重要的线索。《道德寺碑》的重要性，可见一斑。

道德寺碑（碑阳）拓片（局部）

同州圣教序碑

　　唐贞观十九年（645），游历西域诸国达十七年之久的大唐高僧玄奘，携带数百部佛经辗转回到都城长安，随即接受诏命在弘福寺设立译场，开译佛教经典。寒来暑往三载过去，玄奘于贞观二十二年（648）向太宗皇帝李世民呈进了所译经论，并请其作序。这些几乎耗尽了一个人毕生精力而获得的佛教经典，受到唐太宗的珍视。他亲自为所译佛经作序，题名《大唐三藏圣教序》，同时身为当朝太子的李治（后来的高宗皇帝）也作文记述了太宗撰序的缘由，题名《大唐皇帝述三藏圣教序记》。从玄奘历经艰辛西天取经，到闭门数载翻译经典，都得到了来自皇室的高度支持和赞誉，这自然是佛教传播史上的盛事，因此两位帝王的文章多次被镌刻上石，流芳于世。由初唐著名书法家褚遂良书写的《同州圣教序碑》就是其中之一。

　　《同州圣教序碑》高 350 厘米，宽 113 厘米。额题隶书"大唐三藏圣教之序"，共 8 字。碑文题"大唐太宗文皇帝制三藏圣教序"。碑文 29 行，满行 58 字，楷书。唐龙朔三年（663）刻，原立于陕西大荔县龙兴寺，1970 年入藏西安碑林。

　　《同州圣教序碑》上没有褚遂良的亲笔落款，而碑石刻立之时，褚遂良已故去五年，因此对于碑文的书者历来颇有争议。不过碑文之后追刻的两行文字——"大唐褚遂良书在同州倅厅"和"龙朔三年建"，为解开此碑的身世之谜提供了重要线索。同州，即今天的陕西大荔，一代名臣和大书法家褚遂良曾在此度过了一

同州圣教序碑

段落寞的贬官生涯。史载，唐永徽元年（650）十月褚遂良遭同僚弹劾，贬为同州刺史，直到一年多后的永徽三年（652）正月才被召回京师，拜吏部尚书同中书门下三品。也许正是因为这一段与同州的渊源，才有了这方刻立于此的名碑。在随后的两年间，褚遂良受到高宗李治的赏识，一路登上了仕途的顶峰。永徽四年（653），已是位高权重的褚遂良奉诏书写了《大唐三藏圣教序》和《大唐皇帝述三藏圣教序记》二文，并刻碑立于皇家寺院大慈恩寺里刚落成的佛塔之下，是谓《雁塔圣教序碑》。永徽六年（655），高宗欲改立武则天为后，褚遂良因为极力反对而遭到贬斥，被谪戍于爱州（今越南清化）荒蛮之地，显庆三年（658）病逝于此。《同州圣教序碑》的碑文内容与《雁塔圣教序碑》的完全相同，只是书法风格略有差异，推测可能是根据褚遂良书写的其他稿本摹勒而成。一段贬官同州的经历，成就了一方名碑，让今天的我们能有幸与它相遇在同一时空之中，不禁感叹：历史总是充满各种令人惊喜的巧合！

褚遂良（596—658 或 659），字登善，初唐著名书法家。其父褚亮，为秦王李世民文学馆十八学士之一。对于褚书，《书断》称其"少则服膺虞监，长则祖述右军"。虞监指虞世南，右军即王羲之。据史籍记载，自唐贞观十三年（639）始，唐太宗广收王羲之书法，时任起居郎的褚遂良得以博览右军书作，以至于当时真假相杂的王羲之书法，他都能毫无偏差地辨别真伪。他个人

大唐三藏
聖教之序

同州圣教序碑拓片

同州圣教序碑拓片（局部）

的书风也深受"二王"行法影响，尤其是他晚年的楷书笔法多见"二王"之法，用笔在欧、虞的基础上更为轻细，形成既饶骨力又丰神韵的瘦润华逸的一代书品。褚遂良的书法正是初唐书势开始脱离隋代书品影响而自成一格的代表，曾有论书者称"自褚书即兴，有唐楷书，不能出其范围"。

　　"同州本"与"雁塔本"圣教序均是褚遂良晚年的作品，风格却各有千秋。所谓"同州饶骨，雁塔饶韵"，二者各有特点而伯仲难分。

道因法师碑

　　书坛上有不少父子齐名的佳话，如东晋时期的"二王"——王羲之、王献之父子，再如唐代的"大小欧阳"——欧阳询、欧阳通父子。其中，欧阳父子的代表作《皇甫诞碑》和《道因法师碑》均收藏于西安碑林，且一前一后陈列于第二展厅西面，可供我们同时欣赏这两代书法家同源却风格有异的书法。

　　《道因法师碑》为螭首龟趺，通高 312 厘米、宽 103 厘米、厚 27 厘米。碑额处浮雕一佛二菩萨像，下题楷书"故大德因法师碑"。首行题"大唐故翻经大德益州多宝寺道因法师碑文并序"。碑文共 34 行，满行 73 字，楷书。李俨撰文，欧阳通书，常长寿、范素刻。该碑不仅在碑侧浮雕有精致的花纹，还在龟趺座两旁用流利的阴线刻画出十多个卷发深目、身着异国服饰的人物形象，可谓精美。此碑刊刻于唐龙朔三年（663），原立于长安怀德坊慧日寺，大约在金元之际入藏西安碑林。

　　这方碑石的刻立，是为了纪念隋末唐初的一位高僧道因法师。碑文追述了法师的生平事迹。道因法师，俗姓侯，濮阳人，原本出生在官宦之家，因七岁时遭遇了丧母之不幸，自小便立下了出家的志愿。隋大业二年（606），二十岁的道因正式落发为僧，自此开始了研读佛经、弘扬佛法的人生历程。道因初入佛门，就拜于名僧靖嵩的门下，再加上聪敏好学，佛学造诣日益精进。隋末战乱，道因入蜀地避乱，在成都多宝寺讲经说法，一去二十余年，遂成为当地一位德高望重的高僧。唐贞观十九年（645），玄奘法师从西域取经归来，奏请皇帝组建国家级的

道因法师碑

译经院翻译佛经。于是五十九岁的道因法师被选中成为译经院的一员，奉诏来到
长安，开始在大慈恩寺协助玄奘翻译佛经，并因此得到"翻经大德"的封号。之
后道因法师又在长安慧日寺设筵讲经，直至显庆三年（658）圆寂于此。次年，归
灵蜀中，窆于四川光化寺。此碑为弟子元凝等为纪念先师在其圆寂五年后刻立的。

　　此碑的书者欧阳通（625—691），字通师，是欧阳询的第四子。他在武周天

道因法师碑拓片（局部）

授二年（691）官至宰相，达到仕途的顶峰。而就在同一年，又因反对立武承嗣为皇太子，违背武后之意惨遭诛杀。作为书法名家之子，欧阳通的学书之路并不顺利。在他很小的时候，父亲便已过世，因此其在学书的道路上并无多少父亲的陪伴和指点。而欧阳通有一位严厉且执着的母亲，在家道中落的时候仍然极力支持儿子继承父业，学习父书。既然儿子得不到父亲的亲自指点，她便让欧阳通购回父亲的书法作品，日夜临习。可见，欧阳通的书风源自家法，既有其父欧阳询的遗风，又融入了自己的特点。如《道因法师碑》的笔法相较于欧阳询更为瘦硬、劲挺，特别是主笔横画在收笔时末锋飞起，颇有隶意。明代汪砢玉在《珊瑚网》中评欧阳通的书法道："瘦怯于父而险峻过之。"

据说欧阳通对自己的书法很是自负，如遇有人求书，不但要求对方备好文房四宝，还对笔墨纸砚有特别的要求。毛笔必须以象牙或犀角做毛管，狸毛为芯，复以秋兔毫；墨要以松烟制成，并加入麝香；纸必须坚薄、白滑。如此方肯书写。也许正是这个原因，欧阳通传世的碑刻极少，除了《道因法师碑》外，还有1922年出土于洛阳的《泉男生墓志》。

道因法師碑拓片

集王羲之书圣教序碑

　　《集王羲之书圣教序碑》历来有"三绝碑"和"千金碑"的美誉。"一绝"是称赞其碑文第一部分《大唐三藏圣教序》，为唐太宗李世民亲自为玄奘所译佛经而撰写。"二绝"是指碑文第二部分《大唐皇帝述三藏圣教序记》，为当时身为太子的李治也就是后来的唐高宗所撰。在一方碑石上汇集两朝皇帝的文章已属难能可贵，而更绝的是此碑灵动、飘逸的行书来自于书圣王羲之，此为第三绝。于是，两朝天子的文章加上一代书圣的书法，足以让这方青石成为空前绝后的名碑。

　　此碑螭首方座，通高350厘米、宽108厘米、厚28厘米。碑文标题"大唐三藏圣教序"。碑文30行，满行83～88字不等。碑文除了唐太宗之序和太子李治之记外，还镌刻有《心经》。此碑在唐咸亨三年（672）刻成后，被立于长安城里的弘福寺内。碑身在金代末年时斜向断裂，个别字有缺损。

　　在这通《集王羲之书圣教序碑》刻立之前的近二十年内，唐太宗与太子的序文早已被多次镌刻上石，一通《雁塔圣教序碑》立于皇家寺院大慈恩寺的佛塔下，一通《同州圣教序碑》立于陕西大荔县的佛寺内，它们均为初唐著名书法家褚遂良所书。同样的内容要再次刻立新碑，并要独树一帜，实在不是一件容易的事。然而，弘福寺的和尚怀仁做到了。他耗费二十四年的时间，从东晋书圣王羲之的遗墨中将碑文内容逐一摹出，有的字实在找不到，就用相应的偏旁部首拼合。为了顺利完成这方集字之碑，怀仁奉诏广收王羲之笔墨，甚至不惜重金购买。当这通集字碑完成后，它便有了"千金碑"的美誉，可谓一字千金！

弘福寺僧怀仁真是聪明过人且毅力可嘉。他知道在名家辈出的初唐书坛上要想脱颖而出，既得到皇帝的褒扬又获得众书家的认可，唯有找到一位公认的书圣来书写此碑才行，而此人也只有王羲之才当之无愧。怀仁想到了集字的方法，他不辞辛劳地搜集、摹写，最终让书圣之笔墨与当朝天子之文珠联璧合。

《集王羲之书圣教序碑》虽为集字之碑，却很好地保留了王羲之书法的风韵。后世论书家对它也是赞誉不断，如明代王世贞将它比喻为"真墨池之龙象，兰亭之羽翼也"，清代蒋衡更是称赞此碑"与《兰亭序》并驱，为千古字学之祖"。

1974 年，西安碑林对《石台孝经》进行了整修，施工中在碑石的接缝处发现了南宋（金）拓的《集王羲之书圣教序碑》整拓本一幅，保存基本完好。现传世的《集王羲之书圣教序碑》宋拓本传世较多，但整拓本仅有西安碑林的这一件，实属弥足珍贵。

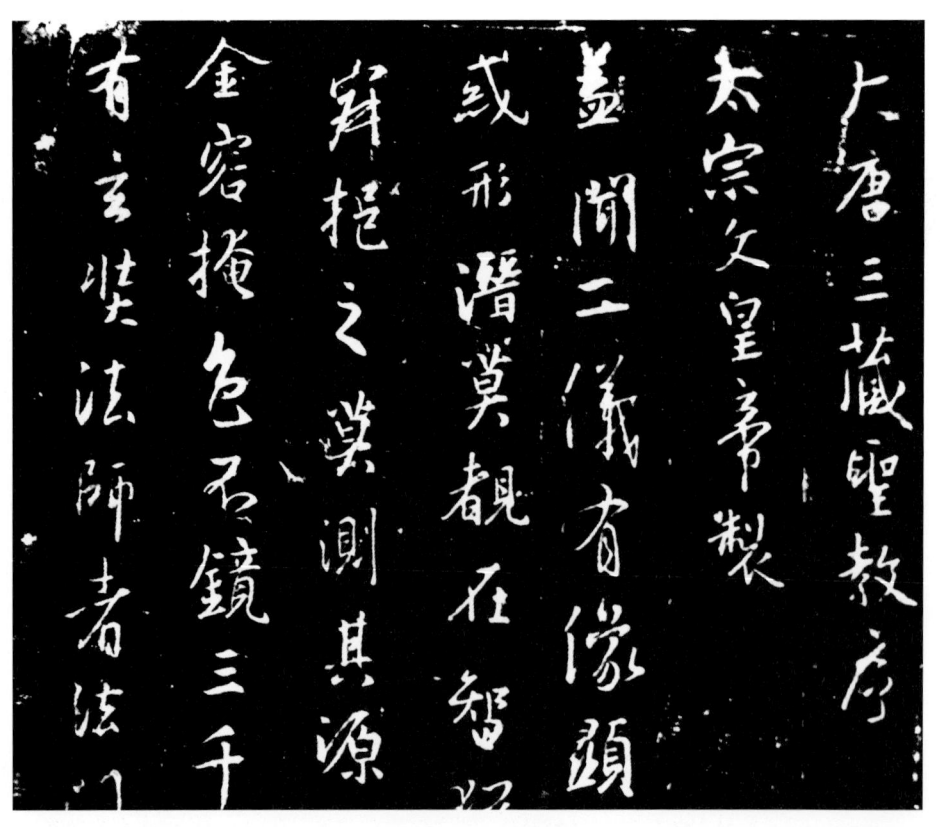

集王羲之书圣教序碑宋拓本（局部）

唐三藏聖教序

太宗文皇帝製

弘福寺沙門懷仁集晉右將軍王羲之書

蓋聞二儀有像，顯覆載以含生；四時無形，潛寒暑以化物。是以窺天鑒地，庸愚皆識其端；明陰洞陽，賢哲罕窮其數。然而天地苞乎陰陽而易識者，以其有像也；陰陽處乎天地而難窮者，以其無形也。故知像顯可徵，雖愚不惑；形潛莫睹，在智猶迷。況乎佛道崇虛，乘幽控寂，弘濟萬品，典御十方，舉威靈而無上，抑神力而無下。大之則彌於宇宙，細之則攝於豪釐。無滅無生，歷千劫而不古；若隱若顯，運百福而長今。妙道凝玄，遵之莫知其際；法流湛寂，挹之莫測其源。故知蠢蠢凡愚，區區庸鄙，投其旨趣，能無疑惑者哉！

然則大教之興，基乎西土，騰漢庭而皎夢，照東域而流慈。昔者，分形分跡之時，言未馳而成化；當常現常之世，民仰德而知遵。及乎晦影歸真，遷儀越世，金容掩色，不鏡三千之光；麗象開圖，空端四八之相。於是微言廣被，拯含類於三塗；遺訓遐宣，導群生於十地。然而真教難仰，莫能一其旨歸，曲學易遵，邪正於焉紛糾。所以空有之論，或習俗而是非；大小之乘，乍沿時而隆替。

有玄奘法師者，法門之領袖也。幼懷貞敏，早悟三空之心；長契神情，先苞四忍之行。松風水月，未足比其清華；仙露明珠，詎能方其朗潤。故以智通無累，神測未形，超六塵而迥出，只千古而無對。凝心內境，悲正法之陵遲；棲慮玄門，慨深文之訛謬。思欲分條析理，廣彼前聞，截偽續真，開茲後學。是以翹心淨土，往遊西域。乘危遠邁，杖策孤征。積雪晨飛，途間失地；驚砂夕起，空外迷天。萬里山川，撥煙霞而進影；百重寒暑，躡霜雨而前蹤。誠重勞輕，求深願達，周遊西宇，十有七年。窮歷道邦，詢求正教，雙林八水，味道餐風，鹿苑鷲峰，瞻奇仰異。承至言於先聖，受真教於上賢，探賾妙門，精窮奧業。一乘五律之道，馳驟於心田；八藏三篋之文，波濤於口海。

爰自所歷之國，總將三藏要文，凡六百五十七部，譯布中夏，宣揚勝業。引慈雲於西極，注法雨於東垂，聖教缺而復全，蒼生罪而還福。濕火宅之乾焰，共拔迷途；朗愛水之昏波，同臻彼岸。是知惡因業墜，善以緣昇，昇墜之端，惟人所託。譬夫桂生高嶺，雲露方得泫其花；蓮出淥波，飛塵不能污其葉。非蓮性自潔而桂質本貞，良由所附者高，則微物不能累；所憑者淨，則濁類不能沾。夫以卉木無知，猶資善而成善，況乎人倫有識，不緣慶而求慶。方冀茲經流施，將日月而無窮；斯福遐敷，與乾坤而永大。

朕才謝珪璋，言慚博達。至於內典，尤所未閑。昨製序文，深為鄙拙。唯恐穢翰墨於金簡，標瓦礫於珠林。忽得來書，謬承褒讚。循躬省慮，彌益厚顏。善不足稱，空勞致謝。

皇帝在春宮述三藏聖記

夫顯揚正教，非智無以廣其文；崇闡微言，非賢莫能定其旨。蓋真如聖教者，諸法之玄宗，眾經之軌躅也。綜括宏遠，奧旨遐深，極空有之精微，體生滅之機要。詞茂道曠，尋之者不究其源；文顯義幽，履之者莫測其際。故知聖慈所被，業無善而不臻；妙化所敷，緣無惡而不翦。開法網之綱紀，弘六度之正教，拯群有之塗炭，啟三藏之秘扃。是以名無翼而長飛，道無根而永固。道名流慶，歷遂古而鎮常；赴感應身，經塵劫而不朽。晨鐘夕梵，交二音於鷲峰；慧日法流，轉雙輪於鹿苑。排空寶蓋，接翔雲而共飛；莊野春林，與天花而合彩。

伏惟皇帝陛下，上玄資福，垂拱而治八荒；德被黔黎，斂衽而朝萬國。恩加朽骨，石室歸貝葉之文；澤及昆蟲，金匱流梵說之偈。遂使阿耨達水，通神甸之八川；耆闍崛山，接嵩華之翠嶺。竊以法性凝寂，靡歸心而不通；智地玄奧，感懇誠而遂顯。豈謂重昏之夜，燭慧炬之光；火宅之朝，降法雨之澤。於是百川異流，同會於海；萬區分義，總成乎實。豈與湯武校其優劣，堯舜比其聖德者哉。

玄奘法師者，夙懷聰令，立志夷簡，神清齠齔之年，體拔浮華之世。凝情定室，匿跡幽巖，棲息三禪，巡遊十地。超六塵之境，獨步迦維；會一乘之旨，隨機化物。以中華之無質，尋印度之真文。遠涉恆河，終期滿字；頻登雪嶺，更獲半珠。問道往還，十有七載，備通釋典，利物為心。以貞觀十九年二月六日奉敕於弘福寺翻譯聖教要文凡六百五十七部。引大海之法流，洗塵勞而不竭；傳智燈之長焰，皎幽暗而恆明。自非久植勝緣，何以顯揚斯旨。所謂法相常住，齊三光之明；我皇福臻，同二儀之固。

伏見御製眾經論序，照古騰今，理含金石之聲，文抱風雲之潤。治輒以輕塵足岳，墜露添流，略舉大綱，以為斯記。

治素無才學，性不聰敏。內典諸文，殊未觀覽。所作論序，鄙拙尤繁。忽見來書，褒揚讚述。撫躬自省，慚悚交并。勞師等遠臻，深以為愧。

貞觀廿二年八月三日內出。

般若波羅蜜多心經

沙門玄奘奉詔譯

觀自在菩薩，行深般若波羅蜜多時，照見五蘊皆空，度一切苦厄。舍利子，色不異空，空不異色，色即是空，空即是色。受想行識，亦復如是。舍利子，是諸法空相，不生不滅，不垢不淨，不增不減。是故空中無色，無受想行識，無眼耳鼻舌身意，無色聲香味觸法，無眼界，乃至無意識界。無無明，亦無無明盡，乃至無老死，亦無老死盡。無苦集滅道，無智亦無得。以無所得故，菩提薩埵，依般若波羅蜜多故，心無罣礙。無罣礙故，無有恐怖，遠離顛倒夢想，究竟涅槃。三世諸佛，依般若波羅蜜多故，得阿耨多羅三藐三菩提。故知般若波羅蜜多，是大神咒，是大明咒，是無上咒，是無等等咒，能除一切苦，真實不虛。故說般若波羅蜜多咒，即說咒曰：揭諦揭諦，波羅揭諦，波羅僧揭諦，菩提薩婆訶。般若多心經。

太子太傅尚書左僕射燕國公于志寧、中書令南陽縣開國男來濟、禮部尚書高陽縣開國男許敬宗、守黃門侍郎兼左庶子薛元超、守中書侍郎兼右庶子李義府等奉敕潤色。

咸亨三年十二月八日京城法侶建立。

文林郎諸葛神力勒石。

武騎尉朱靜藏鐫字。

高铙苗墓志

　　唐王朝作为中国历史上最辉煌的朝代，与周边国家及少数民族交往密切。当时有数量众多的外国人往来于唐都长安，他们中的很多人生活、定居于此直至终老，并最终安葬于唐都。近年来，在西安及其周边地区发现了较多境外人士的墓葬和碑志。这些碑志的相继出土，为我们复原那个包容而开放的时代，增添了宝贵的第一手资料。

高铙苗墓志盖拓片

　　2008 年，西安碑林博物馆新入藏一方唐代墓志。志石及志盖均为正方形，边长仅 55 厘米，在众多华美的唐墓志中略显得"娇小玲珑"。志盖标题"大唐故左领军员外将军墓志"，4 行，每行 3 字，篆书。志文共 14 行，满行 15 字，楷书。撰、书者不详。短短百余字的志文多是溢美之词，而关于志主的身世则被隐讳地记载于字里行间。研究者们对这些蛛丝马迹进行了仔细释读，揭示出志主十分特殊的身份——一位初唐时期入华的高句丽遗民。

此方墓志的志主高铙苗，在中文史籍中找不到记录。志文对于他的生平事迹记述得非常简略，我们把那些支离破碎的信息串联起来加以释读，可以大致了解他短暂的一生。高铙苗出生和成长在高句丽。从唐朝建立至玄武门之变前，唐王朝与高句丽一直保持着相对和平的关系，但在玄武门之变后双方矛盾逐渐激化，导致唐太宗、高宗两朝六次出兵高句丽。此时，已经成年的高铙苗作为一名高句丽军人，参与了两国之间的战争。两国之战，以唐王朝获胜为多。其间，唐王朝多次接受高句丽将领或贵族的投诚，并授予他们官职以示安抚和嘉奖。

乾封元年（666）十二月，唐高宗任命李勣为辽东道行军大总管，讨伐高句丽。经过一系列的战斗准备，于总章元年（668）九月，迎来了对平壤的总攻。在此之前，由于高句丽政权发生内讧及一大部分将领倒戈，其势力已遭到严重削弱。而在最后围攻平壤城的关键时刻，高句丽军队中担任捉兵总管的僧信诚又密遣一人给唐军送信，称愿做唐军内应。这一里应外合的局面，使唐军看到了胜利的曙光。五日后，当李勣率军兵临城下时，城门果然大开，唐军登城鼓噪，攻克平壤。在我国史籍《资治通鉴》中，只有僧信诚作为唐军内应打开城门的记载，而成书于 12 世纪中叶的韩国史书《三国史记》则更加详细地记载了这一事件，甚至明确记录下当时担当内应负责打开城门的为小将乌沙、铙苗。这里的"小将铙苗"正是本墓志的主人高铙苗。李勣率领的唐军大获全胜后，俘获了高句丽宝藏王及王子、大臣、降将等二十余万人回唐。唐朝对这些高句丽战俘、降将加官晋爵，以作安抚。协助打开城门的小将高铙苗也来到了长安，他被封为左领军员外将军，从三品。唐朝时左右领军卫各置将军二员，主守皇城西面及京苑城门。员外将军是在编制之外设置的，一般不理事，俸禄只有正员的一半，是安置闲散人员和勋臣的一种官职。这当是对高铙苗担当唐军内应的褒奖。

总章元年平壤之战时，高铙苗至多二十岁左右，至咸亨四年（673）去世时也不会超过三十岁。墓志中未说明高铙苗的死因，亦未提到他的家世、生平、年龄等，可能有所隐讳。有韩国历史学者推测高铙苗可能是被在唐高句丽流民所杀，亦难以证实。

窦师纶墓志

　　《窦师纶墓志》志盖长、宽均 60 厘米。志盖标题"大唐秦府咨议太府少卿银邝坊三州刺史上柱国陵阳郡开国公窦府君墓志铭"，7 行，篆书。志石长、宽均 73 厘米。志文 40 行，满行 45 字，楷书，有方界格。2012 年入藏西安碑林。

　　窦师纶所在的窦氏家族的先祖，出自鲜卑纥豆陵氏。曹魏之时，纥豆陵氏部落实力最强，连当时式微的拓跋力微即北魏先祖神元帝也是通过做其"宾婿"才得以发展壮大起来的。后来，纥豆陵氏随北魏迁代，孝文帝时改为汉姓窦氏，并累世仕魏，皆至大官。由于有这样的贵族背景，窦氏一门与北周、隋、唐帝室均有联姻，如窦师纶的祖母就是隋文帝的姐姐安成长公主，其堂姑则嫁给了李渊，为李世民之母亲，师纶父窦抗从小就是李渊的至交，师纶兄窦诞后来娶唐高祖女襄阳公主为妻。故后世有言："窦氏自武德至今，再为外戚，尚主者八人，女为王妃六人，唐世贵盛，莫与为比。"

窦师纶墓志盖拓片

　　窦师纶在唐高祖起兵后安葬了被隋兵杀害的李渊第五子楚哀王李智云，后来又入秦王府，成为太宗李世民的亲信，至武德四年（621）为益州大使，制造舆服器械。窦师纶是唐初著名画家、丝绸纹样设计师，在继承优秀传统纹样的基础上，广泛吸收中亚、西亚等地的题材与技法，在中国服饰史上占有重要地位。

　　唐朝官服形制历经高祖、太宗、高宗三朝多次变更才厘定下来。这一制度的着眼点多在服色方面，对服饰面料上的图纹规定只有两次。唐武德时期，官袍"大、小科"的中心主题图纹大体为动物纹样，其中左右对称的禽兽造型纹样占有相当的比例。这就是所谓"对雉、斗羊、翔凤、游麟之状"的陵阳公样。陵阳公样创自窦师纶，它对唐代丝绸艺术的影响深远，创立之后很快就被各地的贡品所模仿。《元和郡县图志》卷三十三《剑南道下》载开元年间绵州（今四川绵阳）进贡的"对凤两窠、独窠"，应该就是陵阳公样广泛流传的证据。

魏散騎常侍驃騎
大將軍侍中永富郡開國
武候大將軍上柱國石武衛大將軍左武衛
壞樹羽名區坐棠閭分陝之儀封苹啓承家
刺史皇朝左右武候大將軍左石領軍大
仙濤執巘千尋聲青牛之逸餘輪臺亮彩光
俟於警露調諧金石九虁成其逸響思縟煙
能之譽金樓王鈴之略扃牖璽臺迴縈吐鳳
噬之聲梟鏡成羣起挺妖之跡祀碣山蓬業卷
成輕秋茶之密納叉鄭兵錫
夫輭太祖謂公曰知汝少好長生之道仙經

窦师纶墓志拓片（局部）

武思元墓志

　　《武思元墓志》志盖长、宽均为 76 厘米。志盖标题 "大唐故赠使持节汝州诸军事汝州刺史武府君墓志铭"，5 行，满行 5 字，篆书。志石呈方形。志文标题 "大唐故赠使持节汝州诸军事汝州刺史武府君墓志铭并序"。志文 38 行，满行 37 字，楷书。志石四侧及志盖四刹线刻缠枝牡丹纹。志石于 2008 年入藏西安碑林。

　　武思元是武则天的堂兄、武士逸的第三子，又名武安业，武则天的父亲武士

武思元墓志盖拓片

武思元墓志拓片

護为武思元的叔父。按志文记载，武思元卒于上元元年（674），终年五十一岁，可推知其生年是武德七年（624）。武思元明经擢第当在贞观十五年（641），明经及第后即进入吏部的铨选阶段，一般守选七年。在守选期间，武思元选择从军入幕，投身昆丘道行军幕府的文职干部行列。平定龟兹战役时，武思元任行军兵曹（应是行军幕府中的僚佐之一），其时年仅二十四岁，后因军功被授予勋官上骑都尉，视正五品。贞观二十三年（649）龟兹战役结束后，武思元的行军兵曹之职自动免去，一直到显庆初年才担任襄州安养县令。武思元以明经及第而能解褐六品官职，应该与他先前投身行军幕府并立下军功不无关系。

武思元此后可能受武则天将同父异母的哥哥武元庆、武元爽及武士讓的二哥武士让的儿子武惟良等外放为远州刺史一事的波及，而被贬至偏僻的夷州任宜林县令。后以平羿泂之功，改授琰州司马。琰州属江南道，初为下州，开元中降为羁縻州。武思元所任琰州司马，为从六品下的官职。志文中记载，武思元的最后一任官职是永州零陵县令，从六品上。武思元生平做官都在江湖之远，终其一生都无缘庙堂之高。其于上元元年溘然长逝，却在垂拱三年（687）由于武则天的一纸诏书洗尽凋零，恩泽加身，荣华饰终。武思元去世时仅为零陵县令，追赠的汝州刺史为正四品下，赠官官品高于生前官品。他的赙赠级别按照正四品应为物七十段，而根据志文可知为二百段，远高于规制所得，这超出的馈赠应来自于太后的恩赐。以垂拱三年的追赠为契机，武思元及其夫人杜陵韦氏迁葬于少陵原北的凤栖原。志文中不述及其子武求己，仅在铭文中有"其子欲养，而亲不俟"的轻描淡写。墓志扬亲显孝的意图不显，通篇却不乏对武则天夺权合法性的宣扬，诸如"乾坤牝贞于易象，内德融而外戚助，自其家而化为国""眇膺神赐之业，遹开圣姓之符""产凤鸟于仙洲，奇音自蓄"等叙事，都是为了建构武则天夺权的正统性。墓志虽不言明是否为奉诏之作，或也有可能是武则天授意为之。

墓志的撰写者是唐代著名应制诗人、珠英学士成员之一的韦元旦。珠英学士是武则天称帝后出现的文学团体，它的产生应与武则天执政时期重进士科选拔人才、鼓励文学取士紧密相关，当然这些举措与武则天在政治上夺权、笼络人才、巩固统治休戚相关。《全唐诗补编》记韦元旦字烜，《全唐诗》中存有韦元旦的十首诗，大部分为应制诗，多为歌咏圣恩之作。韦元旦撰《美原神泉诗序碑》亦存西安碑林。

祖太尉太原王並盛德日新雄材天挺長驅傍傑，而將佩廉沸鼓鳴笳，父諱士逸，皇朝庫部兵曹荊史六安縣開國公，翁耜剖符之望，叅差列宿之班。偽家聲而隆，北土營室僑光門，祥而粲東壁冠族。峻峙極桐，西極日月避隱，為光明產鳳鳥於悅，禮博詩兵。且游光泳淮岸，陽文出匝，行剟隱為光瑰，意產埼行仙洲奇。游泳淮池有成，於絳帳貞觀末年，搖搖為崑丘道行，禮鼓思。都尉立功於漢中郎之，王良策馬上將，論兵觀末，搖搖朝漢州縣令行。儒終立定漢之顯慶初載，義解褐禍行襄州安縣令思。栖遲未定遺鉥之費言，聯覺尔來猶存，三復佩以茲韋，祥可行桐政。無它矣遺鉥，蜀詞義猶展，巳音之數親徵政。患者歷鉥然有一變，知歌載載來，猶展巳音之養知由。祭禄而非多居然，有養知由官之不擇顧，之及且江都縣，徽政。同嗟上元元年春秋五十有一，終于楊州之江都縣。

美原神泉诗序碑

　　唐垂拱四年（688）夏日里的一天，陕西美原县县尉韦元旦邀约几位好友，一同前往美原县东北隅的一处幽泉避暑观览。或许是清泉美景激发了众人的雅兴，大家纷纷赋诗作文记述此次郊游，诗文最终汇集成了一通《美原神泉诗序碑》。这方石碑在 1948 年入藏西安碑林。

　　《美原神泉诗序碑》相较于其他众多唐碑，颇有些独特之处。首先是它的内容。石碑的正反两面镌刻了几位挚友同游幽泉有感而发的诗文，与大多数唐碑上严肃的带着庙堂之气的记人记事性文字相比，显得清新、雅致。其次是碑的外形。此碑一改唐代流行的螭首方碑，而采用了上尖下方的圭形，这种古拙的形制是石碑还处于发端时期的汉代所常用的造型。再次是碑文的书体。通篇诗文使用篆书写就，这在楷书盛行的唐代有些复古的意味。总之，《美原神泉诗序碑》更像是一次初唐文人雅集的纪念，处处流露出文人的风雅闲趣。

　　《美原神泉诗序碑》高 188 厘米、宽 65 厘米，分正反两面刻写了两篇序文和五首诗词。正面为这次郊游的主持者韦元旦所撰《美原神泉诗序》，其后是贾言淑和另一位同游者所作诗两首。碑文共 17 行，行 25 字。背面为徐彦伯撰写的另一篇《游神泉诗序》，以及尹元凯、温翁念、李鹏题诗各一首，共 15 行，行 25 字。两面均由尹元凯以篆书书写。正面碑额为隶书题写的"美源神泉诗序"，反面碑额为篆书所题"大唐裕明子书"。

　　在这些诗文的作者中，韦元旦为美原县尉，相当于县长的副手；贾言淑为美原县主簿，这是典型的文官，相当于秘书长；徐彦伯更是七岁能作文，文辞号称"河东三绝"之一；书者尹元凯，号裕明子，工书，尤其擅长篆书。

《美原神泉诗序碑》不但文词华美，而且书法精妙，是目前为止我国所见的唯一一方初唐时期的篆书碑。

美原神泉诗序碑拓片

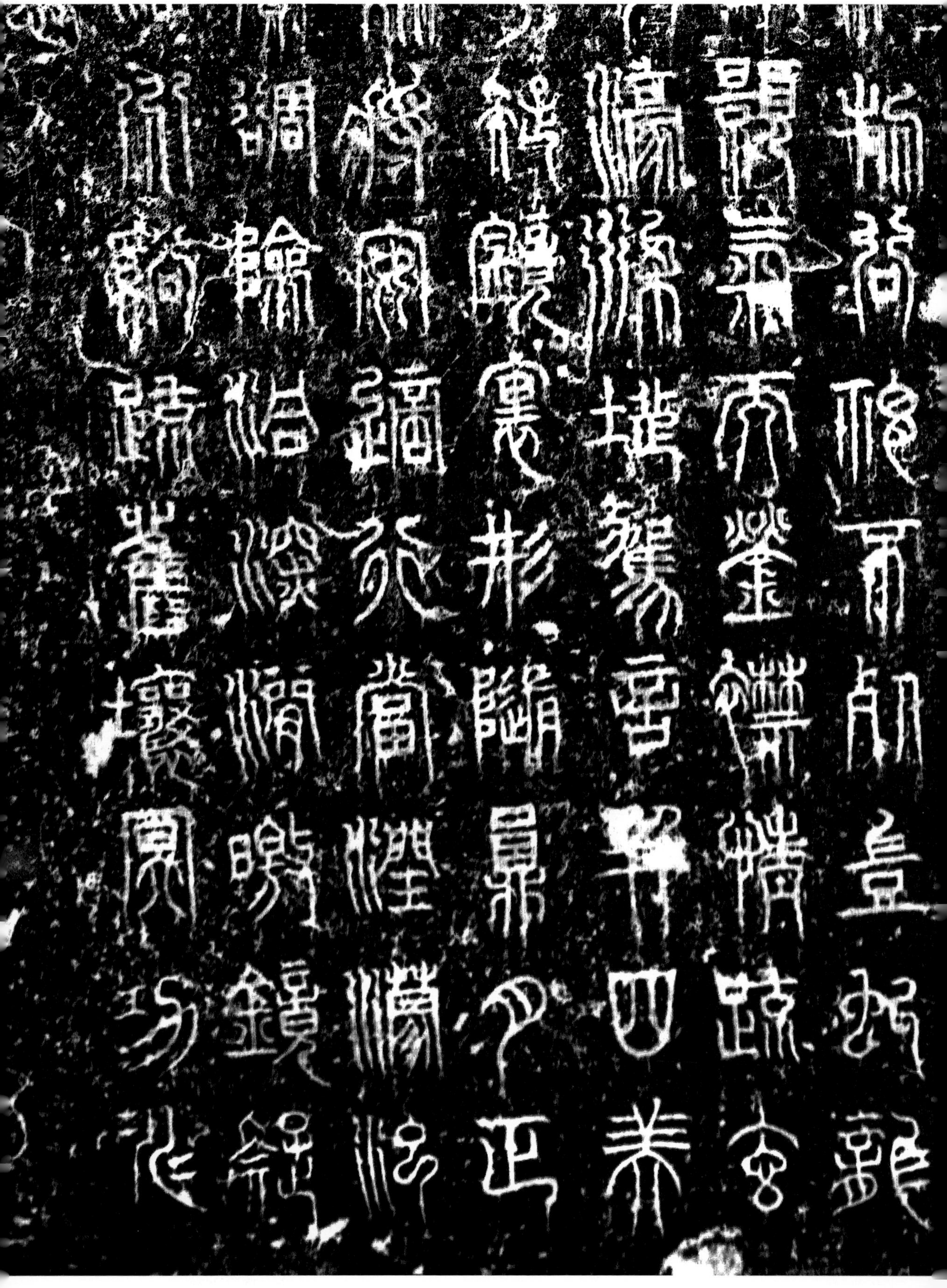

兴福寺残碑

　　《兴福寺残碑》刊刻于唐开元九年（721）。碑残高 81 厘米，宽 104 厘米，厚 27 厘米。无题。碑文 35 行，3 行无字，余行 23～25 字不等，行书。撰者不详，僧大雅集王羲之书，徐思忠刻字。此碑在北宋年间修城墙时被掩埋于地下，明万历年间在西安城南的护城河里发掘出土，遂移入西安碑林。由于当时只找到下半截，故名"半截碑"。又因碑文首行有"碑在京兴福寺"之语，故另称"兴福寺残碑"。此碑为宦官吴文而立，也称"吴文残碑"。此碑原立于唐长安城兴福寺（位于今西安西关一带）。碑文稍有漫漶，且仅存下半部分，故不能通读。碑身两侧残存部分浮雕阴文花朵。画面上部一凤立于花叶之上，中部叶两边各立一人，下部一佛骑兽，也立于花叶之上。碑左侧的佛面向右，右侧的佛面向前。

　　据残存的碑文分析，吴文应为内侍，曾任右监门卫大将军。神龙三年（707）制举镇军大将军行内监门卫。开元九年十月葬。碑文内容可能是列其事迹、颂其功德之属。集字者大雅，为唐长安兴福寺僧。刻字者徐思忠，署"（上缺）林郎直将作监"。碑末行记"菩提像一铺居士张爱造"，说明此碑的碑额上可能雕有佛像。

　　《兴福寺残碑》是僧大雅集王羲之行书所刻的。此碑是距怀仁集圣教序为时不远的书法名碑，基本上保存了王右军书法的风采，又行云流畅、摹刻精良，为研习王羲之书法之重要碑刻。明安世凤在《墨林快事》中评："集人大雅乃兴福

兴福寺残碑拓片

寺僧，故世谓之《兴福寺帖》，其集王字故独得其精神筋力……是以书家重之。"
清周星莲《临池管见》云："僧大雅所集之《吴文碑》，亦用右军书，尤为遒峭。
古今集右军凡十八家，以《开福寺》为最，不虚也。"清刘熙载《艺概》道："唐
人善集右军书者，怀仁《圣教序》外，推僧大雅之《吴文碑》。《圣教》行世，固
为尤盛。然此碑书足备一宗。盖《圣教》之字虽间有峭势，而此则尤以峭尚。想
就右军书之峭者集之耳。"

　　《兴福寺残碑》在集王羲之字的诸碑中尽管历来褒贬不一，但仍是集王字诸
碑中的优佳者。大雅以轻简而丰厚的笔调将各种形态不一的王字集摹于一碑，不
露堆砌痕迹，一气呵成，浑然一体，有"点曳之工，裁成之妙"，使王字妍丽润
腴、倩姿秀美的神采得以再现。与此碑相比，以"尚骨"称许的怀仁《集王羲之
书圣教序碑》还有些"饶骨尚欠"的意味。所以《兴福寺残碑》的浑然天成、谐
和蕴涵，更能体现"疏神韵致"的王羲之风范。怀仁与大雅集王书名重书坛，二
碑同辉双秀于千石林立的西安碑林。

峰開口夫乘出俗綱之三災画
天悲衙省㡿雄順蓉庭花岑聯
聖玄水飛夢門而出飛屈五
俄仁三身舉圖橫海公于動鮴
嵜嵯云其齊曲山之昭不真全
藤擲青青柏林雅動表頌孝子
菩提像一鋪居士張受送

七欧翁跋逸朝隣德務兹情鄖
諸群必馬蜀書謝病跡妥給
羊上卷偃賈長沙之潰然庚鵬
傳於紫然鼎冑曳枚黄雲光我
玉号瀰君之北堂其賓賢也
恒國李民圓姿替月覩眸星空花
開元九年十月廿三日循空氣
西狀暮座將軍捡地下意

兴福寺残碑碑侧浮雕图案拓片

御史台精舍碑

　　此碑全称《大唐御史台精舍碑铭并序》，刻于唐开元十一年（723）。碑石为长方形，螭首方座，高145厘米、宽65厘米。额题"御史台精舍碑"，6字，篆书。碑文18行，行30字，隶书。崔湜撰文。碑文作于刻石前二十多年的武则天长安年间，到玄宗时才由殿中侍御史、隶书名家梁升卿书写，名匠赵礼刻石。此碑内容反映了唐王朝前期的律令格式、狱政制度、法治思想及各宗教间的关系。

　　御史台是唐代的监察机关。碑文记述了御史台设有监狱即台狱，狱内又设有精舍，也就是佛堂，供犯人在佛祖面前忏悔，以求精神解脱。利用佛法感化囚徒，是一项重要的狱政措施，它反映了佛教思想对唐代法治思想的影响。

　　碑文由两部分组成。第一部分是序文，叙述了台狱修建佛教精舍的原因、经过，精舍的建筑结构和形貌，以及罪犯谋求解脱的途径。第二部分是崔湜给精舍作的碑铭。碑文始终贯穿着一个主旨，即用佛教经义感化罪犯、预防犯罪，以达到稳定封建统治秩序的目的。碑阴、碑额及两侧全刻有楷书题名，这是先后做过御史的七百余人的姓名，姓名重复者多处。题名中的知名人士有王维、颜真卿、徐浩等。此碑是一件难得的法治文物，它以石刻史料的形式填补了新旧《唐书》的空白。唐代人是非常重视法治的，而且唐代法治并不是以处罚为主，这也为现代社会的法治建设提供了参考和借鉴。

　　此碑书者梁升卿为当时书法名家，生卒年月不详，史载为唐玄宗开元年间人，官至奉天尉，尤善隶书。唐吕总《续书评》曰：梁升卿八分书"如惊波往来，巨

御史臺精舍碑

大唐御史臺精舍碑銘并序　鄭崑
中書令崔湜任壁中侍御史曰篡文鄭愔書
易曰吉凶悔吝各生乎動已傳曰福福無門惟人所召蓋先王用刑
以彰善癉惡聖人秉罰是以小懲大誡故崇二紀以紀綱國嬰徽繩聯行
知收畏冒賄之刀飲食羊蜂不可逃天譴可逃无自誣自莅禁以泄紀以泄
千計乎公芳曰余捨為施菩薩之導引衆生塔廟有成道至上之曰護異持摩之遽
證人波羅賴之果纓珞安冠漫始自在補關中侍御史敻道惠勤之曰維異持攜之遷正遽
斯詠於斯珍華慶堂網圖異豐橡丹膝立棄奇厠祖來之捐題依苉止中
像巳君子之仁堂觀異頃梲遷賛之尺是尋是烟
毀曲環繞琉璃羣以多下靈草百品莘林固以不歸命巳曲
惟傳獲報無量孽道于嗟下人誓以逝災破君子芳福所履惟
臺于孇下人為思不遷胡不稽昔以追災破君子芳福所履惟
芳若神譽兮利羣生芳開元十一年殿中侍御史梁昇卿追書

御史台精舍碑拓片
二十七日舍

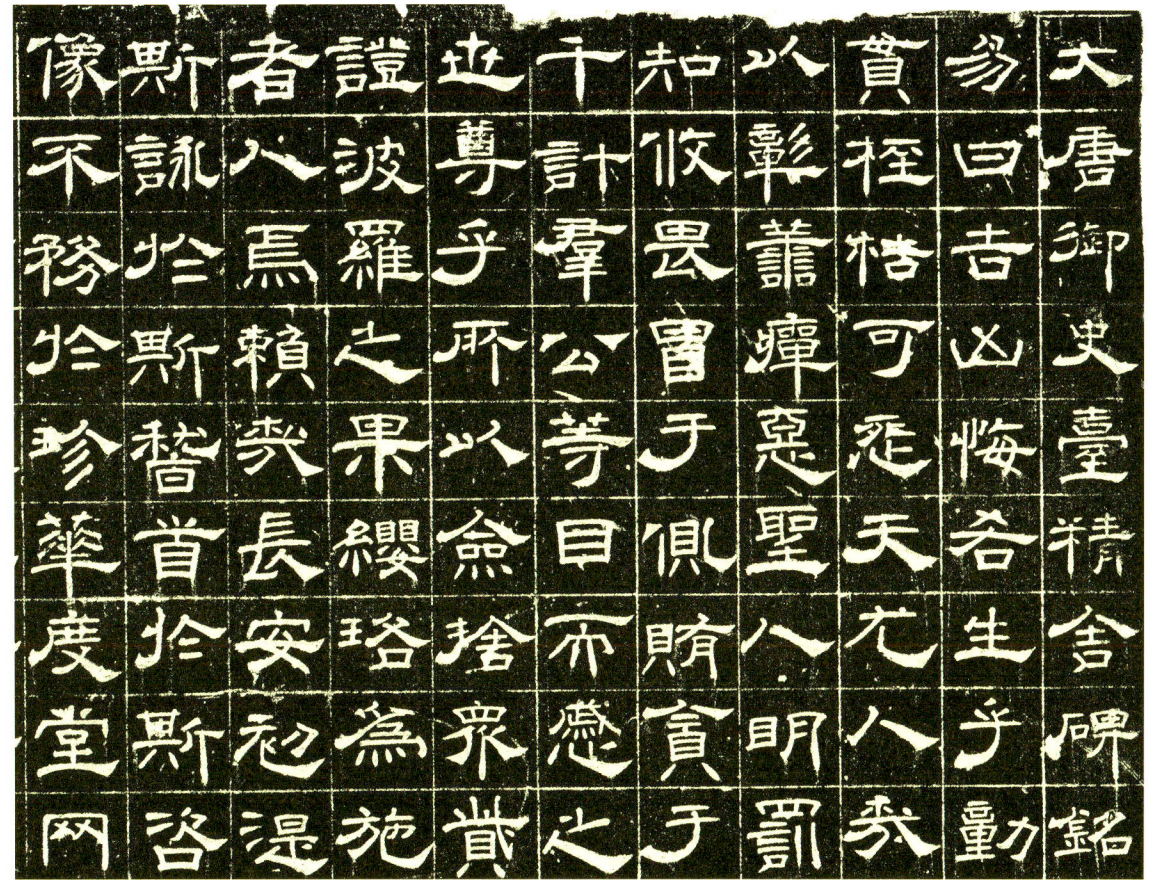

御史台精舍碑拓片（局部）

石前却"。明王世贞《弇州山人稿》评曰："《唐史》称梁升卿善八分，《东封朝觐碑》声华为一时冠，此帖亦可宝也。"明赵崡《石墨镌华》评曰："升卿分隶声动一时。"清刘熙载评："其书不在唐隶四大家之下。"（唐宋四大家即韩择木、蔡有邻、史惟则、李潮。）清翁方纲评："唐人小楷，无此题名出色。"清王昶《金石萃编》评为著隶。

　　唐代在楷法技术上的精到熟练，可谓登峰造极，主宰着大唐一代的书坛，而隶书作为碑刻书丹居于次要地位。纵观此碑隶书，通篇精美完整、结构严格、点画肯定、规范准确；在齐整的界格内，任其左右逢源、大匠开合地书写，仍是空灵律动，既不冲格，也不谨细翼小；空间分割匀美、疏密得当，纵横开阖，心象飞动，在极为纯熟的技法中保持着遒茂劲健、神完气足的心迹。此碑可谓唐代隶书中典法俱精、匠心独运的力作。

佛堂铭

　　《佛堂铭》刻于开元十二年（724），于 2011 年入藏西安碑林。碑石呈方形，长 49 厘米、宽 53 厘米、厚 13.5 厘米。碑文共计 23 行，满行 22 字。褚庭诲书，韦利涉撰。

　　为记录家族福祚，清河崔氏特刻立《佛堂铭》，其中还包括舍宅为寺（将自己的家宅捐为佛寺）和《金刚经》灵验的故事。清河崔氏是中古时期的世家大族，自魏晋南北朝以来，拥有煊赫的经济和政治实力，进入隋唐，各房支更是在曲折中谋发展。郑州崔氏崔彦昇就是其中的一支。《佛堂铭》中记述的檀主（施主）崔玄籍即郑州崔氏的一族，崔彦昇乃崔玄籍的曾祖。随着朝代的更迭，郑州崔氏后代的仕宦品级较前代走低。从历官来说，崔玄籍七子的官职确逊于其父。不过，为了适应唐代的"新语境"，崔家除了延续以往的孝悌、好学的家风外，还将佛教信仰融入家传文化中加以发扬，这对家庭成员在政治上发展所起的作用不容忽视。

　　根据碑文记载，檀主崔玄籍持诵的是《金刚经》。崔家的《金刚经》信仰对家庭成员的影响深远。据碑文所述，崔恪长女崔上贞"常绝浑辛，持般若经，诵陁罗尼咒"。《金刚经》又称《金刚般若经》或《金刚般若波罗蜜经》，唐时受到普遍崇奉，这跟统治者的推崇密不可分。开元二十四年（736），唐玄宗将他的《御注金刚般若经》和《孝经》《道德经》一起"颁行天下"。受到统治者扶持的《金刚经》，一度成为高僧大德、卿士大夫、凡夫俗子共同信仰的对象。

佛堂铭拓片

书者褚庭诲，《元和姓纂》记作"廷诲"，其父为玄宗时名臣褚无量。《登科记考补正》卷五作"廷诲"，记其于开元五年（717）举文儒异等科。褚庭诲擅长书法，宋《淳化阁帖》中辑录有他的书法作品《辞奉帖》。另外，《唐杭州华严寺玄览传》提到"无量则览之元昆也"。褚庭诲的父亲褚无量是华严寺僧玄览的长兄，因此褚庭诲的交友圈中多有僧人的影子，这与其书《佛堂铭》或有关联。撰者韦利涉，《元和姓纂》记其曾任主爵郎中，开元七年（719）任长安主簿。

石刻文献虽不似文人小说那般笔意纵横、驰骋神思，但因其材质特殊，故能历世弥久、传播深远。《佛堂铭》又不同于埋幽事死的墓志，而是记旧事示生者，颇类实录，耐人寻味。舍宅为寺、刻石记事都是特定时期的一帧独特的"风景"。

杨执一墓志

　　《杨执一墓志》刻于唐开元十五年（727）。志盖标题"大唐故杨府君墓志铭"，9 字，篆书。志盖为覆斗形，其四周线刻蔓草图案花纹，四刹又各刻二瑞兽间蔓草纹。志石呈正方形，高、宽均 92 厘米。志文 45 行，行 45 字。志石四侧均用减地阳刻线雕混合手法，刻出十二生肖图案，间以蔓草花纹。志石上侧正中为鼠，左为猪，右为羊；右侧从上到下顺次为虎、兔、龙；下侧从右往左依次为蛇、马、牛；左侧从上到下依次为猴、鸡、狗。十二生肖表示十二支方位。花纹均极为精美，构图、刀法亦属上乘，为盛唐志石装饰花纹中的代表作。墓志由唐代诗人贺知章撰文、杨执一的第四子杨汲书写。1951 年，《杨执一墓志》与其妻《独孤开墓志》在陕西咸阳顺陵区同墓出土。

　　杨执一（661—726），字太初，弘农华阴（今陕西华阴）人，其先祖为东汉太尉杨震。杨执一出自隋朝观王杨雄一系，为"雄之曾孙"，观国公杨恭仁从孙，其祖父为杨续，父为杨思止，兄为户部尚书相国杨执柔。杨执一在武则天时出仕，初任兵曹参军，常以攀槛抗词，削草论奏，为张易之所忌，一度降职为洛州伊川府左果毅都尉。后因武功，提为游击将军、右卫郎将、右卫中郎将，押千骑使。神龙元年（705），杨执一参与诛杀张易之、张昌宗兄弟，以功加云麾将军、右鹰扬卫将军，封弘农县公。后又晋封河东郡公，加冠军大将军，特赐铁券。此后，杨执一因武三思诬陷，改常州刺史，又转晋州。然因参与进谏废韦后乱政事件，又遭贬沁州。景龙四年（710），中宗念其功勋，拜为卫尉卿，还复勋爵。开元十

杨执一墓志拓片

四年（726）正月二日病逝于官舍，享年六十五岁，诏赠户部尚书。开元十五年
（727）九月三日，与其夫人独孤开合葬于京兆府咸阳县洪渎原。

獨用心徵隱由是丹書玉環之祉慎知去惑之仁
華陰人也自十九代祖漢太尉震暨曾祖隨司空
紛綸於天府固可略而言焉祖續苕府君皇祖岱
史湖城公咸積德藏用分竹首府君皇祖岱郢州桂林尤
所未達二鄭之所書鹽疑皆褫膚分縷膏潤冰輝
授治天后朝以獻之諷諫解褐特授左玉鈐衛兵曹左
召見超奉軒砌左屁果尺毅都尉長鳴犯於遠途愛
左清道率轉右衛中郎將匡押千騎加雲麾將軍遷右鷹
段金銀器物十事無何進封河東郡公增邑二千河
武建邪賢人所以表海漢高劍創業功臣所以武三
盡忠雖窮鑒水之規猶晶維塵之誠初為武三思

杨执一墓志拓片（局部）

大智禅师碑

大智禅师碑碑首

　　《大智禅师碑》刻于开元二十四年（736），是唐代隶书名碑之一。先不论其碑文书法，仅以此碑的造型和雕刻观之，人们往往会为它华美的外观而赞叹不已。此碑为螭首龟趺，通高达408厘米、宽114厘米。高大的碑首上左右对称地雕刻有三条螭龙，它们相互盘结，共同托举起一尊端坐于云座之上的佛像。碑额题"大唐故大智禅师碑"，2行，篆书，被翻卷的云纹所环绕。在碑身两侧，工匠熟练地运用减地浮雕和阴线刻两种技法，镌刻出繁缛却精致的纹饰：一株摇曳生姿的蔓草以流动的"S"形由下而上贯穿碑侧，骑狮仙人、婀娜菩萨、迦陵频伽及各种珍禽瑞兽穿插在盛开的团花之间。图案线条细密流畅，宛若游走于绢帛之上的墨线。《大智禅师碑》与碑林的迎客第一碑——唐玄宗所书《石台孝经》刻立于同一时期，虽然比不上御碑的高大贵气，但它们华丽的雕饰风格却是一脉相承的，这也正是大唐盛世碑刻艺术的时代风尚。

　　《大智禅师碑》是为长安慈恩寺和尚义福所立的。义福为佛教禅宗北宗代表人物之一，开元二十四年卒，赐号"大智禅师"，同年七月安葬于洛阳龙门奉先寺之北冈。碑阳刻文共32行，满行61字，由严挺之撰文、史惟则书并篆额、史子华刻。碑阴下端镌有《大智禅师碑阴记》，由阳伯成撰文、史惟则书。撰者严挺之，是大智禅师的俗家弟子，开元年间官至尚书左丞、知吏部选。

　　唐代书碑刻石惯用楷书，我们所熟知的初唐四大家欧阳询、虞世南、褚遂良、薛稷，以及书法名家颜真卿、柳公权等皆以楷书闻名于世。然而在开元年间，唐

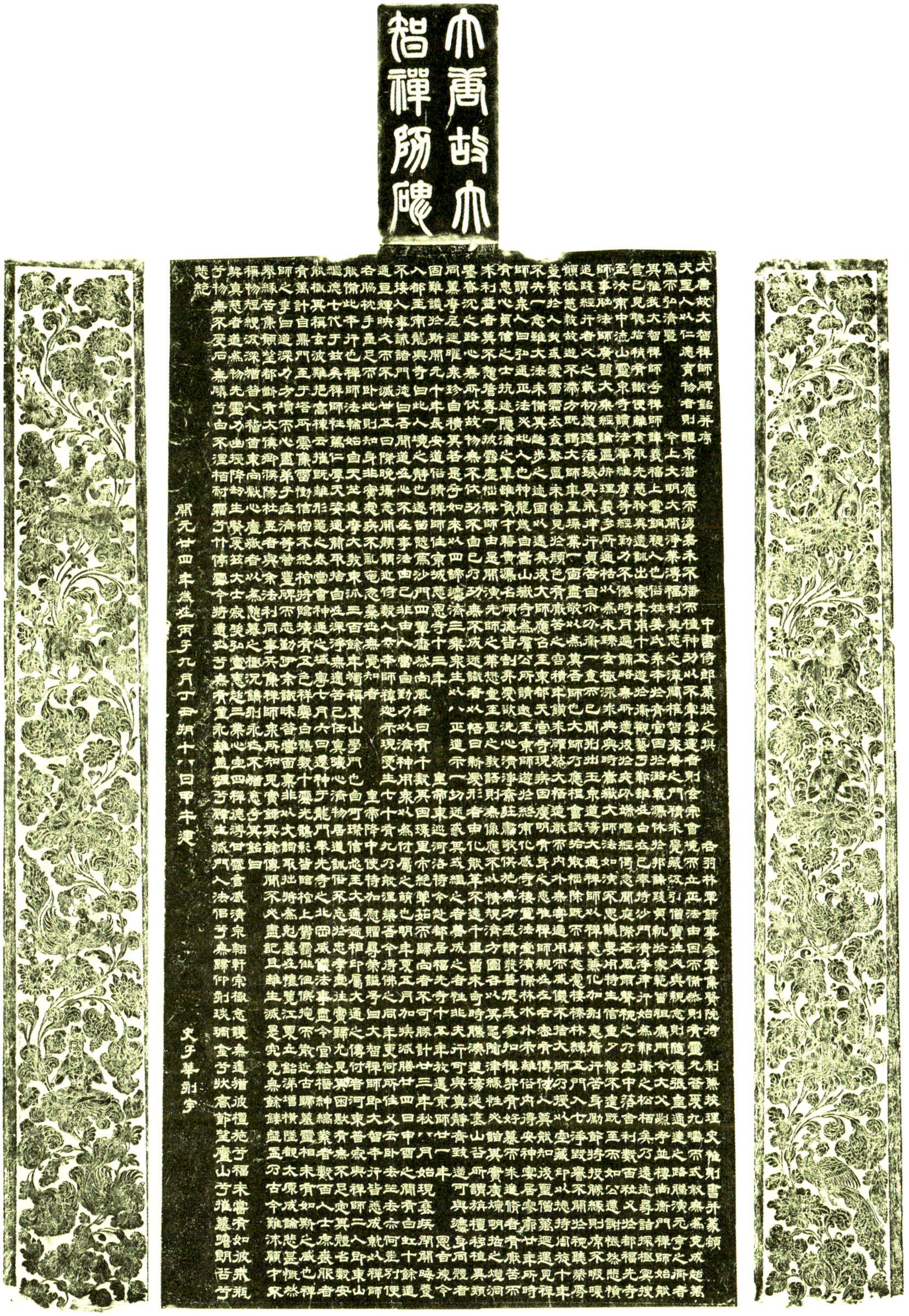

大智禅师碑拓片

大智禅师碑拓片（局部）

玄宗李隆基大异其趣，反而对隶书推崇备至，由他亲自书写的《石台孝经》就是这一时期的隶书经典之作。论及隶书，无法避开汉隶的辉煌。无论是汉代简牍上的墨书还是汉碑上凿刻的字迹，无不完美地呈现出汉隶的空灵飘逸之美，特别是它蕴藏在规矩之中的超脱感和不羁感是那个时代独有的气质。唐代中期，在唐玄宗的推动下再次复苏的唐隶则与之不同，它带着大唐盛世的豪迈和自信，散发着隆重、大气的盛唐气息，这是历史所赋予的大格调。

被称为"开元分书第一手"的史惟则，自然也跳不出这个大格局。史惟则，名浩，广陵（今江苏苏州）人，曾任集贤院待制兼校理、殿中侍御史、集贤殿学士等职，世称"史侍御"，约卒于唐大历初年。史惟则擅篆籀飞白，又以隶书精妙著称。宋欧阳修将史惟则与韩择木、蔡有邻、李潮合称为唐隶四大家。

《大智禅师碑》当数史惟则存世书迹中最著名者。碑文书法老劲庄严，时有间杂楷法。尤见称于王世贞，其《弇州山人稿》评："其行笔绝类《太山铭》，而缜密过之，知开元帝润泽所自耳。"明赵崡《石墨镌华》曰："史惟则分隶书，实众称其古今折衷，大小应变，如因高而瞩远，俯川陆而必见。今观此碑，信是开元间分书第一手。"

隆阐法师碑

　　《隆阐法师碑》又名《实际寺隆禅法师碑》《隆禅大法师怀恽碑》，刻于天宝二年（743）。碑石螭首龟趺，但均已残断，在残存的碑额上隐约可见一佛二菩萨像。碑侧花枝纹连续交叉，呈现出典雅、富丽的美感。碑石通高 250 厘米，宽 94 厘米，厚 25 厘米。碑文标题"大唐实际寺故寺主怀恽奉敕赠隆禅大法师碑铭并序"。碑文 34 行，满行 65 字，行书。从碑文内容看，此系温国寺（原名实际寺）寺主思庄为其师实际寺原寺主怀恽法师而立，记述了怀恽的生平和佛事活动。碑阴附刻宋乾德四年（966）篆书大家郭忠恕以古文、篆、隶字体写就的《三体阴符经》。此碑原立于实际寺内，宋初移至孔庙，后即入藏西安碑林。

　　此碑题下有"怀恽及书"四字，笔迹与碑文一致。有的著录认为此碑为怀恽自撰而书之，其实谬也。此碑立于怀恽死后四十年，且隆阐法师之号，亦为其死后四年所敕赠，因此不可能为怀恽自书，殊不可解。

　　怀恽（640—701），俗姓张，南阳人，唐代净土宗僧。高宗时，求取天下贤能，于总章元年（668）梦见怀恽，于是下诏召请。怀恽遂出家，并于西明寺剃发为僧，后来在实际寺善导门下学习佛法十余年。善导圆寂后，怀恽为其收遗骨、建灵塔，还在旁边建寺院和高塔，高宗亲赠舍利千粒和百宝幡花让他供养。则天武后永昌元年（689），怀恽奉敕为实际寺寺主，大力弘扬佛法。大足元年（701）十月入寂，世寿六十二岁。神龙元年（705）敕谥"隆阐大法师"。

　　《隆阐法师碑》是唐代行书名碑之一。此碑书法俊秀，结体遒美。碑文中有不少与《集王羲之书圣教序碑》结体相同的字形，其在保持王书妍美的基础上，多采用方笔，使线条承续魏晋质朴、雄强的特点。从整体上看，其行笔一贯、笔断意连、笔画挺拔、气势纵横。明赵崡《石墨镌华》评："有《圣教》遗意。"《金石文字记》称："此碑行书源出《圣教》而渐作婉媚缠绕。"

隆阐法师碑拓片

大唐寶際寺故寺主懷惲奉
勅贈隆闡

辭懷惲倍張姓南陽人也遠祖因官播遷京兆廿
防東逝矣稱北應漢夢西通方縈法或青眸接
昔吾師曰地求真眾魔紛嬈果列成佛龍天捧圍

秦位清陰雅列法師聰敏為其性相慈資善資其鳳
繡敕味嘗面曰宇香樓怡處忘逐
高宗天皇大帝秉乾樞運出震披圖靈已求賢明
帝乃親授朱紱令雲雯鳳池榮師乃固請緇衣頋
勅於西明剎茲善來忽喝惡業銷除挂三衣俄頋
漏擁藤井於蓮臺觀北無涯駈鐵圍於寶國院聞
見而麗面愛思定北式建塼甃遂於鳳城南神和
麾撰伽藍莫不堂殿崢嶸遠摸切利樓臺玄發業直
地又於寺院造天窣堵波塔周迴二百步直上一

隆闡法師碑拓片（局部）

石台孝经

　　《石台孝经》刻于唐天宝四载（745），又名《唐玄宗注孝经碑》《唐明皇八分书孝经》《唐明皇注孝经》。此碑由四块高各 590 厘米、宽各 120 厘米的长方形细石合成而刻。额题"大唐开元天宝圣文神武皇帝注孝经台"，共 16 字，4 行，篆书。碑文是由开元圣主唐玄宗李隆基亲笔抄写的《孝经》，还有他亲自作的序和注解，均以隶书书写，最后由唐肃宗李亨篆额。碑石原立于长安城的国子监中，唐末移置于尚书省西隅，宋元祐时入藏西安碑林。现今保存完好，光莹如漆。

《石台孝经》碑亭外景

石台孝经

　　《石台孝经》因坐落于三层石台之上，又其上所书内容为《孝经》，故得此名。碑身是由四块青石板以榫卯结构组合而成的长方柱体，因此经受住了明嘉靖三十四年（1555）发生在陕西关中地区的大地震的考验，至今依然完好无损，巍然挺立。碑石的下方有三层石质台阶，台阶上线刻有蔓草纹和瑞兽图案。这些植物和动物被刻画得融洽无间，从而使整个构图既庄重又不失活泼，体现了盛唐时期线刻艺术的精美。碑石的上方加额。方形的碑额犹如一顶云纹冠，覆盖于碑石的顶端。碑首的四面又浮雕有四对举足相立的瑞兽。碑额上盖石，盖石边缘刻有卷云纹。卷云一点点地向上扩大形成一个云冠，即所谓的卷云华冠。

《石台孝经》碑文和注释均用隶书书写，且碑石四面刻字。南、西、北面每面都是 18 行。东面为最后一面，前 7 行满行 55 字，后半部分分上下两层。上层右半部分为表文，李齐古撰，9 行，楷书；左半部分为玄宗亲笔批答的"孝者，德之本，教之所由生也，故亲自训注，垂范将来，今石台毕功，亦卿之善职，览所进本，深嘉用心"，3 行，行书。下层为题名，4 列，楷书。题名最末有清乾隆四十七年（1782）张埙、钱坫，以及乾隆五十二年（1787）冯敏昌、冯敏晖等明清两代题记共 5 则。

《石台孝经》碑文分为序文和正文两部分。李隆基在序文中阐明了《孝经》的重要性和训注《孝经》的原委。正文所书《孝经》是一部儒家经典，是记录孔子及其弟子曾参关于"孝"和"悌"的问答之辞。在《孝经》里，"孝"不仅指在家孝敬父母，还要在朝廷上尽忠于皇帝；"悌"则是指兄弟姊妹之间要相互友爱、相互关心。两千多年来，《孝经》对中国社会都极具影响，被视为思想的权威，被当作伦理道德的规范。李隆基是一位重视"孝""悌"的皇帝，他先后

整修石台孝经（一）

整修石台孝经（二）

两次为《孝经》训注，第一次是在唐开元七年至开元十年（719—722），第二次就是在天宝二年至四载（743—745），也体现了李隆基"以孝治天下"的治国理念和决心。

《石台孝经》上的隶书即唐隶，其用笔大气磅礴、结构庄严恢弘、整体丰腴华丽，因此被称为唐代隶书的典范。隶书早在汉代便已达到了鼎盛时期。唐隶即在汉代隶书的基础上，将每个文字的结构变得更加宽腴、更加平整，让笔画更具装饰性与修饰性。这种现象也反映了唐代以胖为美的审美观念。

《石台孝经》的书法端庄典雅、波磔分明、左舒右展、装饰性强，给即将衰微之隶书注入了新的气息。由此可见作为中国书法史上著名帝王书法家之一的李隆基，其书法技艺之精妙。《旧唐书·玄宗本纪》中称他"多艺尤知音律，善八分书"。明王世贞《弇州山人稿》评："丰妍匀适，与《太山铭》同。行押亦雄俊可喜。"明赵崡《石墨镌华》称："开元帝书法，与《太山铭》同润色史惟则，老劲丰妍，如泉吐风，为海吞鲸，非虚语也。"

大唐開元天寶聖文神武皇帝注孝經臺

孝經序

御製序并注 書

朕聞上古，其風朴略，雖因心之孝已萌，而資敬之禮猶簡。及乎仁義既有，親譽益著。聖人知孝之可以教人也，故因嚴以教敬，因親以教愛。於是以順移忠之道昭矣，立身揚名之義彰矣。子曰：吾志在春秋，行在孝經。是知孝者，德之本歟。

經曰：昔者明王之以孝理天下也，不敢遺小國之臣，而況於公、侯、伯、子、男乎。朕常三復斯言，景行先哲，雖無德教加於百姓，庶幾廣愛刑于四海。嗟乎，夫子沒而微言絕，異端起而大義乖，況緝熙章句之徒，破碎大體，殊說紛綸，於是舛謬。且傳以通經為義，義以必當為主，至當歸一，精義無二，安得不翦其繁蕪，而撮其樞要也。

韋昭、王肅，先儒之領袖；虞翻、劉邵，抑又次焉。劉炫明安國之本，陸澄譏康成之注，在理或當，何必求人。今故特舉六家之異同，會五經之旨趣，約文敷暢，義則昭然，分注錯經，理亦條貫，寫之琬琰，庶有補於將來。且夫子談經，志取垂訓，雖五孝之用則別，而百行之源不殊，是以一章之中凡有數句，一句之內意有兼明，具載則文繁，略之又義闕，今存於疏，用廣發揮。

孝經

仲尼居，曾子侍。子曰：先王有至德要道，以順天下，民用和睦，上下無怨，汝知之乎。曾子避席曰：參不敏，何足以知之。子曰：夫孝，德之本也，教之所由生也。復坐，吾語汝。身體髮膚，受之父母，不敢毀傷，孝之始也。立身行道，揚名於後世，以顯父母，孝之終也。夫孝，始於事親，中於事君，終於立身。大雅云：無念爾祖，聿修厥德。

開宗明義章第一

子曰：愛親者不敢惡於人，敬親者不敢慢於人。愛敬盡於事親，而德教加於百姓，刑于四海，蓋天子之孝也。甫刑云：一人有慶，兆民賴之。

天子章第二

在上不驕，高而不危，制節謹度，滿而不溢。高而不危，所以長守貴也；滿而不溢，所以長守富也。富貴不離其身，然後能保其社稷，而和其民人，蓋諸侯之孝也。詩云：戰戰兢兢，如臨深淵，如履薄冰。

諸侯章第三

卿大夫章第四

朕聞上古其風朴略雖因心之孝已

以順移忿之道昭矣立耳揚名之義

不況於公卿伯子男于朕常三復斯

秦得之者皆煨燼之末瀰艣於漢傳

是至於趺相祖述殆旦百家業檀專

以必當為主至當歸一精義無二安

父注在理盛當何必求人今故特舉

颜真卿名碑

颜真卿（708—784），字清臣，京兆万年（今陕西西安）人。他出身于书艺世家，其五世祖颜之推是南北朝著名学者，曾祖父、祖父、父均工于篆书。颜真卿三岁丧父。母亲殷氏出身名门望族、书法世家，亲自传授其书法，开导启蒙。家学的传承、长辈的言传身教和自身的刻苦勤勉，都为颜真卿在书法艺术的道路上展露锋芒奠定了坚实的基础。

颜真卿于开元二十三年（735）考中进士，历玄宗、肃宗、代宗、德宗四朝，从郎官升迁为节度使，再至尚书、太子太师，晋爵鲁郡开国公，故后世多称其"颜鲁公"。颜真卿历尽仕途坎坷，不畏权臣，敢于直谏，忠君爱国，同安禄山、李希烈等叛乱势力进行了顽强的斗争。在安史之乱时出任平原太守，英勇不屈，终以身殉国。由此可见其刚直忠义的政治风骨和高尚的人格魅力。

颜真卿继初唐四大书法家欧阳询、虞世南、褚遂良和薛稷之后推陈出新，他博采众长，融合秦汉的丰韵、两晋的质朴、北朝的雄浑、初唐的秀雅和中唐的博厚，创造了遒劲磅礴的"颜体"，把唐代楷书书法艺术推向了新的高峰。苏轼对其革故鼎新之功给予了高度评价，"颜鲁公书雄秀独出，一变古法，如杜子美诗，格力天纵，奄有汉、魏、晋、宋以来风流，后之作者，殆难复措手"，"君子之于学，百工之于技，自三代历汉至唐而备矣。故诗至于杜子美，文至于韩退之，书至于颜鲁公，画至于吴道子。而古今之变，天下之能事毕矣"。作为书法之卓绝者、承前启后的集大成者，颜真卿堪为典范。西安碑林收藏的颜真卿书碑有七通之多。

多宝塔感应碑

此碑全称《大唐西京千福寺多宝佛塔感应碑》，唐天宝十一载（752）立石，由岑勋撰文、徐浩题额、史华刊石、颜真卿楷书书丹。碑高285厘米，宽106厘米。碑额阴刻"大唐多宝塔感应碑"。碑阳刻文34行，满行66字。碑阴为吴通微正书的《唐楚金禅师碑》。碑侧刻有金莲峰真逸题名及金明昌五年（1194）刘仲游诗。此碑原立于唐长安城安定坊千福寺（位于今西安西郊一带）内，宋时入藏西安碑林。

碑文记述了唐代僧人楚金禅师发愿兴建多宝塔的过程。西京龙兴寺楚金禅师夜深人静时诵读《法华经》，眼前出现了幻象多宝塔，使他情不自禁地下定决心要修建一座多宝佛塔。于是在天宝元年（742），他以千福寺为基地，历时三年多，完成了多宝塔的兴建。此后每年春秋二季祭写《法华经》和《菩萨戒经》，以书写上千部《法华经》为愿，奉献给皇帝和百姓。唐玄宗曾捐钱五十万、绢上千匹，以显皇恩浩荡。楚金禅师将立塔经过及有关佛事记述下来，于天宝十一载（752）请岑勋撰文、颜真卿书丹，镌刻石碑，立于塔下。

《多宝塔感应碑》是颜真卿四十四岁时所书，是他传世最早的碑版。这时的颜体书风尚在初步定型阶段，不难看出受到"二王"、欧阳询、褚遂良、张旭及殷仲容诸家的影响，具有初唐的书法气息。这方碑石的书法结体平稳严谨、棱角

多宝塔感应碑拓片（局部）

多宝塔感应碑

大唐西京千福寺多寶佛塔感應碑文

粤妙法蓮華，諸佛之祕藏也。多寶佛塔，證經之踴現也。諸佛是生龍象之徵，無取熊羆之兆，之誕彌厥月。自誓出家，禮藏探經，法華在手，宿命潛悟，如識金環。城而可息，尔後因靜夜持誦，至多寶塔品，身心泊然，如入禪定。滿六年捨建茲塔，既而許王瓘又居士趙崇、信女普明。水發源龍興，流注千福，清澄泛灎，中有方舟。升泛表於慈航，每夜現兆於築階所。三乃用壯，禪師每夜，勅內侍趙思侃求諸寶坊。帝夢而七月十三日，勅內侍趙思侃。天而不違純如之心，當後佛之授記。二載，勅中使楊順景宣授記答，百令禪師於花。天文挂塔，駐日月之光輝，至四載塔事將就，表請慶齋。

大唐西京千福寺多寶佛塔感應碑文

南陽岑勳撰
朝議郎判尚書武部員外郎琅邪顏真卿書
朝散大夫檢校尚書都官郎中東海徐浩題額

粵妙法蓮華，諸佛之祕藏也。多寶佛塔，證經之踴現也。發明資乎十力，弘建在於四依。有禪師，法號楚金，姓程，廣平人也。祖父並信著釋門，慶歸法胤。母高氏，久而無妊，夜夢諸佛，覺而有娠。是生龍象之徵，無取熊羆之兆。誕彌厥月，炳然殊相。歧嶷絕於葷茹，髫齔不為童游。道樹萌牙，聖德伊始。九歲落髮，住西京龍興寺，從僧箓也。進具之年，升座講法。頓收珍藏，異窮子之疾走；直詣寶山，無化城而可息。

爾後因靜夜持誦，至《多寶塔品》，身心泊然，如入禪定。忽見寶塔，宛在目前；釋迦分身，遍滿空界。行勤聖現，業淨感深；悲生悟中，泣下如雨。遂布衣一食，不出戶庭，期滿六年，誓建兹塔。

既而許王瓘及居士趙崇、信女普意，善來稽首，咸願擕財。禪師以爲輯莊嚴之因，資爽塏之地；利用貞吉，符合聖夢。

其日有清澄之祥，入於禪室；有祥雲、神光之瑞。至天寶元載，創構材木，肇安相輪。其載，敕內侍趙思偘求諸寶坊，上聞玄宗。天寶二載，敕中使楊順景宣旨，召京城名德，連具法儀。

工乃六月七日，敕就千福寺建塔，以其年八月一日，禪師已下，道俗士女，相率出錢。

天文掛掌，宸劄飛毫。九月十三日，帝哀感久之，使賜金五百、絹千匹，助建修也。禪師以爲率心有序，精誠上感。乃動八部，警塔於四面。遂廣其輪奐，精選珍寶，晝夜增修。

（碑文略）

分明、精密腴劲，字口方棱，笔画转锋极为清晰，起笔落笔明朗，无一懈笔。从用笔看，点画圆整、雄秀并厚，这与颜真卿晚年代表书作的大朴、雄浑乃一脉相承。清王澍评此碑道："鲁公书多以骨力健古为工，独此碑腴不剩肉，健不剩骨，以浑劲吐风神，以姿媚含变化，正其年少鲜华时意到书也。"《书画跋跋》云："此是鲁公最匀稳书，亦尽秀媚多姿，第微带俗，正是近世撰史家鼻祖。"此帖历来为书家所推崇，是学习楷书的入门之帖。

郭家庙碑

《郭家庙碑》全称《有唐故中大夫使持节寿州诸军事寿州刺史上柱国赠太保郭公庙碑铭并序》。碑石螭首方座。额题"大唐赠太保祁国贞懿公庙碑"，共 12 字，篆书，德宗李适题。碑文由颜真卿撰文并书丹，楷书。此碑刊刻于广德二年（764）十一月，清代时存于西安府布政司署，1950 年移入西安碑林。碑文内容系郭子仪为其父郭敬之建立家庙，叙述了郭子仪的家世和武功业绩。碑阴分三段，分别刊刻了郭子仪兄弟子孙的官职姓名。

《郭家庙碑》是颜真卿五十六岁时所书，此时正是他书艺成熟精湛、气力充沛之时。碑文书法雄秀豪纵，格力天成，横轻竖重，纵横舒展，横向坚细有力，竖画饱满丰润、端庄正直，又内向环抱、遒劲宽博，以中锋雄壮之笔力一气呵成，以篆籀之法使得结字雄强茂密、浑厚含蓄、温润刚健、中和磊落。其书法风格十分突出，他夸大了横画的细劲，加深了竖垂和撇、捺、点的粗壮纵力，通体伟劲磅礴。此碑中的颜书已完全从初唐的欧、褚风范和张旭笔法中脱胎净尽，升华为地道的颜体自家风貌，成为盛唐书法的典范。此时的颜书可以说达到了我国书法史上自"二王"之后另一个继往开来的高峰，颜真卿是当之无愧的今楷第一人。王澍评此碑道："当时以鲁公《自书告》雍容朗畅，不类鲁公平生风格，为其晚岁极深到之作。今观此碑，与《自书告》略同，而朗畅处更出《自书告》上，直使人不复思《自书告》矣。"

郭家庙碑拓片

日州神又司扸𣎴炳者卿
遘刺汝資法或生𤋮申肥
庶史仲仕諱詵盡毓伯頏
未由垂𣲖戎儒杍輸
于之丁府渧為斤周
降政後若戎鳥葉降
師左事尼能又𣎴生神
常敝典殳世皆夫賢於金
樂偉而其方于拓雕洪
圬𠂤歸兆葉有子宇秋光
之𩇕父尊以人珠孫宙仲尔
𣏗憗父是伸而始而父太
事垂武生淇烏咏𨻶𢘑柃
春盥始我迺有太和

臧怀恪碑

《臧怀恪碑》，全称《唐故右武卫将军赠工部尚书上柱国上蔡县开国侯臧公神道碑铭并序》，刊刻于唐广德元年（763）。碑高467厘米、宽124厘米，龙顶，四方底座。额题"唐故东莞臧公神道碑"，篆书。碑文28行，满行58~64字不等，正书。颜真卿撰文并书丹，李秀岩摹勒。碑原立于陕西省三原县陵前公社三家店村，1980年移入西安碑林。

关于臧怀恪，据明王世贞《弇州山人稿》载："右武卫将军封上蔡县侯，三赠而至工部尚书，则以子希让贵故也。兄怀亮至左羽林大将军，怀恪有子七人咸显，而希让至尚书节度使，鲁国公碑称：兄弟子姓勋贤间出，自天宝距于开元，乘朱轮而拖珪组者数百人，而唐史不为立传。"

《臧怀恪碑》属于颜真卿书法艺术风格形成过程中的代表性作品。碑文结体宽博疏朗、雄秀劲健、缓散力纵、平画宽结、浑厚圆劲，比《多宝塔感应碑》更为宽博，而出锋和转折与后来的柳公权书似有相通之处。它没有颜书晚期所呈现出的朴厚丰腴、凝重雄浑之感，而表现出伟劲的书风，但与早、晚期的颜书神髓仍一脉相承，可谓"规模未必全雷同，肥瘦天纵皆颜公"。

明都穆《金薤琳琅》曰："颜公此刻人间少传。"《关中金石文字存逸考》载："此碑虽出鲁公手笔，而腕力较弱，似逊他碑。碑内有题字一行，云翰林院待诏、光禄寺卿李秀岩模勒，模勒二字他书误为题跋，谛视之，实模勒二字也。乃知此

臧怀恪碑拓片（局部）

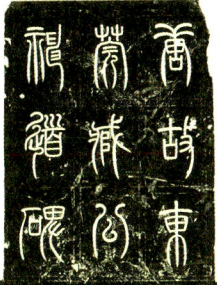

臧怀恪碑拓片

碑笔力之弱，实由模勒之故，论书者不可不知也。"明王世贞《弇州山人稿》评："书法伟劲，不减《家庙》《茅山》。"明赵崡《石墨镌华》曰："鲁公此书伟劲，而骨稍瘦于《家庙》诸碑，皆可重也。"

颜勤礼碑

《颜勤礼碑》是颜真卿书法成熟阶段的代表作品之一，是颜书传世名碑中最能表达其墨迹风貌和神采的力作。据宋欧阳修《集古录》跋尾载文，此碑刻于唐大历十四年（779），是颜真卿亲自撰文为其曾祖父颜勤礼设立的墓碑。碑高268厘米，宽92厘米。碑身四面刻字，左侧铭文在宋代已被磨去，今仅存三面。碑文共44行，每行38字。此碑无立石年月。宋代金石家赵明诚著《金石录》云："元祐间有守长安者，后圃建亭榭多辇取境内古石刻以为基址，此碑几毁而存，然已磨去其铭文，可惜也。"自此以后，金石著书不见刊录此碑，可见已入土埋之，不为人知了。直至1922年10月在今西安市社会路出土，随即移置于新城小碑林。1948年移入西安碑林。

发现《颜勤礼碑》的大致经过，宋伯鲁在1923年春题写的跋语（后由何孟庚将此题跋刻于碑之一侧）中有部分记述："民国十年壬戌十月之初，何客星营长获之于长安旧藩库堂后土中，石已中断，上下皆完好无缺。"由于此碑长埋地下，出土晚，又未经加工修剔，所以碑文书法更接近颜书的墨迹风神，比传世的《麻姑仙坛贴》《东方朔画像赞贴》和《郭家庙碑》诸刻石更能体现颜书笔法。

《颜勤礼碑》是颜真卿被贬为吉州司马，闲居静心时所书，时年五十八岁，书法技艺已经成熟。此碑具苍劲高古、伟岸雄秀、雍容爽利之大气度，当属颜真卿中晚年的力作，是一变古法、开宗立派的最具代表性的作品之一，亦是颜体楷书炉火纯青的标志。此碑的结构、用笔与其他颜书相比虽为同一风范，但仍有其独特的风貌。《颜勤礼碑》结构开张、中宫避让、外松内紧、下松上紧，长竖、长捺、长撇虽有夸张，但得体适度、疏密得当、通畅开朗，寓自然稳健于沉雄中。其用笔风爽利健，方圆并施——外方内圆与内方外圆互为交错，横平较细，竖立挺壮宽硕，一气直下若千钧立柱，有极为强烈的拙秀并宜的艺术感召力，可谓耿耿直节，旷代绝笔！

颜勤礼碑

颜勤礼碑（碑阳）拓片

蜀二縣尉故相國蘇頲舉茂才又為張敬忠劍南節度判官偃師丞杲卿忠烈有清識吏幹累遷太
常丞攝常山太守殺逆賊安祿山將李欽湊開土門擒其將何千年高邈遷衛尉卿兼御史中丞
城守陷賊東京遇害楚毒參下詈言不絕贈太子太保謚曰忠曜卿工詩善草隸十六以詞學直崇
文館淄川司馬旭卿善草書胤山令茂曾訥言敏行頗工篆籀犍為司馬闕疑仁孝善詩春秋杭州
參軍允南工詩人皆諷誦之善草隸書判頻入等第歷左補闕殿中侍御史三為郎官國子司業金
鄉男喬卿仁厚有吏材富平尉真長耿介舉明經幼輿敦雅有醞藉通班漢書左清道率府兵曹真
卿舉進士校書郎舉文詞秀逸醴泉尉黜陟使王鉷以清白名聞七為憲官九為省官薦為節度採
訪觀察使魯郡公允臧敦實有吏能舉令宰延昌四為御史充太尉郭子儀判官江陵少尹荊南
行軍司馬長卿晉卿邠卿充國質多無祿早世名卿倜佶伋倫並為武官玄孫紘通義尉沒于蠻泉
明孝義有吏道父開土門佐其謀彭州司馬威明邛州司馬季明子幹沛詡頗泉明男誕及君外曾
孫沈盈盧逖並為逆賊所害俱蒙贈五品京官濬好屬文翹華正頲並早夭頗好五言校書郎頍仁
孝方正明經大理司直充張萬頃嶺南判官顗鳳翔參軍頲通悟頗善隸書太子洗馬鄭王府
司馬並不幸短命通明好屬文項城尉頵溫江丞覿綿州參軍靚鹽亭尉顥仁和有政理蓬州長史
慈明仁順幹蠱都水使者頴介直河南府法曹頌奉禮郎碩江陵參軍頤當陽主簿頊河中參軍頎
衛尉主簿頒左千牛頵頠並京兆參軍頎須頠並童稚未仕自黃門御正至君父叔兄弟泉子姪揚
庭益期昭甫強學十三人四世為學士侍讀事見柳芳續卓絕殷寅著姓略小監少保以德行詞翰
為天下所推春卿杲卿曜卿允南而下泉君之羣從光庭千里康成希莊日損隱朝匡朝昇庠恭敏
鄭幾元浉溫之舒說順勝怡渾允濟挺式宣韶等多以名德著述學業文翰交映儒林故當代謂之
學家非夫君之積德累仁貽謀有裕則何以流光末裔錫羨盛時小子真卿聿修是忝嬰孩集蓼不
逮過庭之訓晚暮論譔莫追長老之口君之德美多恨闕遺銘曰

颜勤礼碑（碑阴）拓片

颜氏家庙碑

《颜氏家庙碑》，全称《唐故通议大夫行薛王友柱国赠秘书少监国子祭酒太子少保颜君庙碑铭并序》，刻于唐德宗建中元年（780）。碑石螭首龟座，高330厘米、宽130厘米，四面环刻。碑阳、碑阴文字各24行，满行47字。碑两侧文字各6行，满行52字。四面碑文皆为楷书，由颜真卿撰文并书，碑额为李阳冰篆书"颜氏家庙之碑"6字，可谓书额并称、楷篆双绝，又谓"好古之士，重如珠璧"。唐代末年此碑被弃于郊野，宋代时随《开成石经》一同被收入西安碑林。

《颜氏家庙碑》系颜真卿为其父颜惟贞所立之碑。碑文记述了颜氏家族及其仕宦经历、后裔仕途、治学经世的情况。颜氏祖籍琅琊（今山东临沂），从十三世祖颜含随晋元帝南渡侨居建康（今江苏江宁），至北齐时五世祖颜之推入北周，隋朝灭了北周之后，颜之推又仕于隋，从此世居京兆万年（今陕西西安）。颜氏几代官居高位，多为记室、侍读、王友、学士等，实为儒雅传家的清望之族。其十三世祖颜含、九世祖颜腾之、五世祖颜之推、曾伯祖颜师古、伯父颜元孙、祖父颜昭甫等均以儒学孝悌、家学渊源著称，特别是对文字、经训的研究，以及在诗文、书法等方面的造诣，饮誉后世。颜真卿的父亲颜惟贞官拜薛王友，自幼寄养于舅氏殷仲容家，和其兄共同学书，研究、继承殷氏笔法。他曾以木石作笔、书画泥墙，在空中运毫，挥写大字。此书学家法对颜真卿后来雄强、博大的书风，产生了深远影响。

《颜氏家庙碑》是颜真卿七十二岁时所书，人书俱老，因此其书尤显庄重笃实、沉雄质朴、气韵淳厚，可以说以丰美的内涵达到了大巧若拙的境界。他用圆笔与藏锋的篆籀之意潜入楷法，以欹侧而灵巧的书姿一改篆隶式的对称结构，而使书体呈现出端平、方正的形态。再以弯弓式的外弧形圆劲笔法和力透纸背的腕力，使整篇碑文表现出活脱而强健的风骨和风神逼人的魄力。

明王世贞《弇州山人稿》赞其"览之风棱秀出，精彩注射，劲节直气，隐隐笔画间"，"余尝评颜鲁公《家庙碑》，以为今隶中之有玉筋体者，风华骨格，庄密挺秀，真书家至宝"。清王澍《虚舟题跋》云："评者议鲁公书'真不及草，草

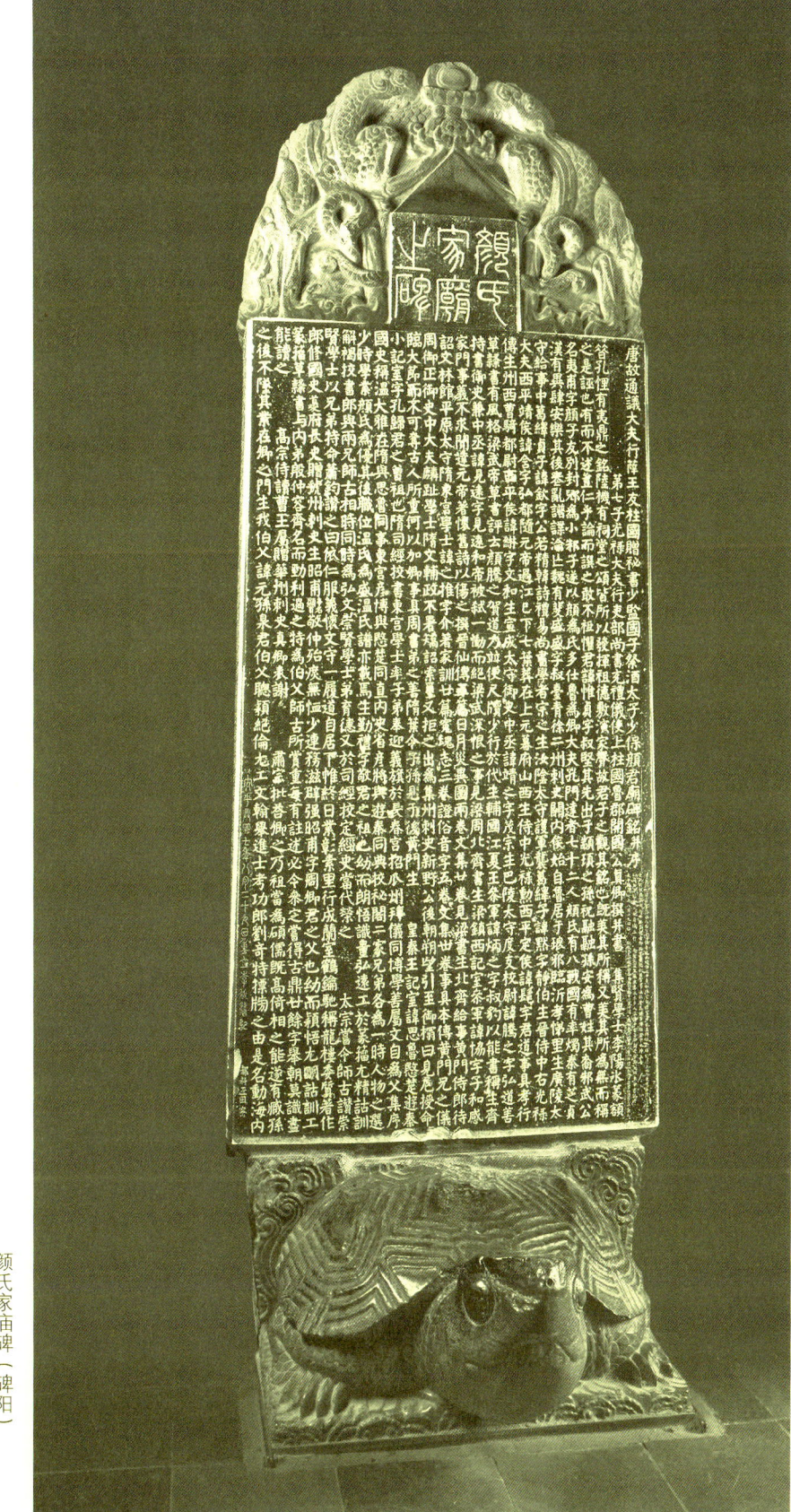

颜氏家庙碑（碑阳）

颜氏家庙碑（碑阴）拓片

據所撰神道碑累贈祕書少監國子祭酒

書頻擢甲科屢升倍政曳裾王府名右鄒

襄贈崇斑且旌善於義方俾揚名於有後

杲鄉文理清峻所居有聲太常丞攝常山謝

解而終贈太子太保謚曰忠節真卿表

節獨制橫流或俘其謀主或斬其元惡當

未有朕甚嘉之曜卿工詩善草隸十五

司馬君生闕疑允南喬卿真長幼興真卿

其佳句善草隸與春卿杲卿曜卿同日於

颜氏家庙碑（碑阴）拓片（局部）

不及稿'，以太方严为鲁公病，岂知宁朴无华，宁拙无巧，故是篆籀正法。此《家庙碑》乃公用力深至之作。……年高笔老，风力遒厚，又为家庙立碑，挟泰山岩岩气象，加以俎豆肃穆之意，故其为书庄严端悫，如商周寻鼎，不可逼视。"

争座位稿

颜真卿《与郭仆射书》，亦名《论座帖》，世称《争座位稿》。此碑为单刻帖。碑石由横石竖刻，高 81 厘米、宽 152 厘米。碑文分上下两部分，上半部分 32 行，下半部分 32 行，旁增书 2 行，长短共计 66 行。志文共 1193 字，草书。宋代时此帖真迹为安师文收藏，并刊石传世。

《争座位稿》是颜真卿于唐广德二年（764）十一月写给右仆射郭英义的信札，主要讲述了唐玄宗时宦官专权，皇帝又猜忌忠良，委任宦官鱼朝恩担任天下观军容宣尉处置使的全军总监督，以压制德高望重的郭子仪等将领。郭子仪征寇平乱，得胜还朝，在长安菩提寺举行行香仪式。文武百官奉命参加。当时由郭英义排列座次，而他与鱼朝恩早有勾结，为了献媚取宠，竟将尚书等居于高官要职之人和有功之臣屈居于后座。全场百官怒不敢言，只有颜真卿大义凛然，他耿直无畏地指斥权贵，伸张正义。此后不久，他被人诬陷诽谤朝廷，贬官至硖州别驾。他忠烈刚直的为人之道为世人崇尚、尊仰，而他一气呵成的这篇信稿更是书艺超绝、光照千古。

《争座位稿》是颜真卿五十六岁时所书，全篇共用七纸写成。宋代米芾曾言见其真迹。北宋时为安师文所收藏，后来安氏兄弟分家，将此稿分成两份（前四纸一份，后三纸一份），在北宋末年时均入藏内府。《宣和书谱》称此帖为《争座前帖》《争座后帖》。据传，苏轼、黄庭坚、米芾均曾向安氏借临过此帖稿。世传多为米芾的临书或刻本，而原稿真迹于宋代后不知所终。

《争座位稿》突出地表现了颜真卿的中锋用笔。他取篆籀意蕴的遒婉浑厚，化方为圆，尤其是对中锋的藏转妙用，使线条粗细纤浓。通篇挥洒自如、酣畅淋漓、苍古凝浑、顿挫跌宕，显示出峻拔、刚毅的风骨。从结体特点看，此稿字形宽绰开张、中肆旁敛、曲势环抱、诡异飞动，全文以行书结字、草法挥之，看似匆匆急草、松散随意之笔，实有神情内聚、茂畅雄逸之态。从章法上纵观此书稿，其

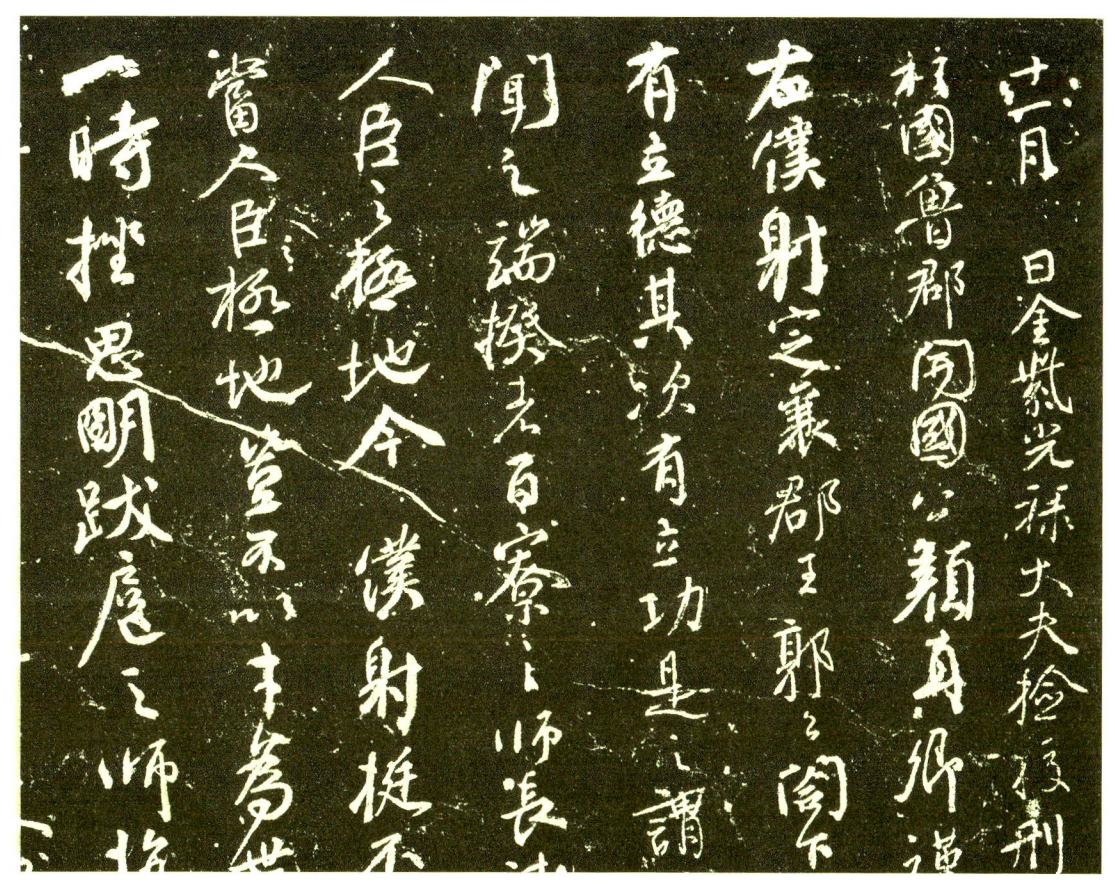

争座位稿拓片（局部）

行通气贯，疏密有致，分行上松下紧，以主行线一贯穿之，字字三三两两，若即若离，上俯下视，左顾右盼，欹侧飞动。从墨法上看，此书稿不是墨迹。而是黑白反差强大的刻石帖迹。虽无从谈及墨法，但从帖迹用笔的渴润兼施、信手疾书，行笔的愤然激切，以及涂改处设想，此稿定如《祭侄文稿》一样笔墨淡淡、虚实相间、渴润柘湿。可以说，它富有多层次的变化，具有强烈的节奏美。

　　《争座位稿》历来为书家称颂，评价极高。宋米芾在《书史》中说，"此帖在颜最为杰思，想其忠义愤发，顿挫郁屈，意不在字，天真罄露在于此书"，《争座位帖》为颜书第一，字相连属，诡异飞动，得于意外"。苏轼赞曰："此比公他书尤为奇特，信手自书动有姿态。"清何绍基评《与郭仆射书》在《兰亭序》之上。

者半九十里言晚節末路之難也
從古至今暨我高祖太宗已來未有行此而不理廢此
而不亂者也前者菩提寺行香僕射指
麾宰相與兩省臺省已下常參官並為一行坐魚開府及僕射率諸軍將
為一行坐若一時從權亦猶未可何況積習更行之乎
一昨以郭令公以父子之軍破犬羊凶逆之眾
眾情欣喜恨不頂而戴之是用有興道
之會僕射又不悟前失徑率意而指麾
不顧班秩之高下不論文武之左右苟以取悅
軍容為心曾不顧百寮之側目亦何異
清晝攫金之士哉甚非謂也君子愛人以禮不聞姑息僕射
得不深念之乎真卿竊聞軍容之為
人清修梵行深入佛海加以利衰塗割
恬然於心固不以一毀加怒一敬加喜
況乎收東京有殄賊之業守陝城有戴天之功朝野之人所共貴仰豈獨有分於
僕射哉尚何半席之座咫尺之地能汩其志哉且
鄉里上齒宗廟上爵朝廷上位皆有

於州縣令乎若以尚書同於縣令則僕
射見尚書令得如上佐事刺史乎益不然
矣今既三廳齊列足明不同刺史且尚書令與僕射同是二品只校上下
之階六曹尚書並正三品又非隔品致
敬之類尚書之事僕射禮數未敢有失
僕射之顧尚書何乃欲同卑吏又據宋書百
官志八座同是第三品隋及國家始升別
作二品高自標致誠則尊崇向下擠排
乃傷甚況再於公堂獨出尚何書會
令公初到不欲紛披僶俛就命亦非理屈
朝廷紀綱須共存立過爾隳壞亦恐
及身明天子忽震電含怒責亂彝
倫之人則僕射將何辭以對

十一月日，金紫光禄大夫、检校刑部尚书、上

柱国、鲁郡开国公颜真卿谨奏书于

右仆射、定襄郡王郭公阁下：盖太上

有立德，其次有立功，是之谓不朽。抑又

闻之，端揆者，百寮之师长，诸侯王者，

人臣之极地。今仆射挺不朽之功业，

当人臣之极地，岂不以才为世出，功冠

一时。挫思明跋扈之师，抗回纥无厌

之请，故得身画凌烟之阁，名藏

太室之廷，吁足畏也，足畏也。然美则美矣，而终

之始难。故曰满而不溢，所以长守富也；

高而不危，所以长守贵也。可不儆惧乎。

书曰：尔唯不矜，天下莫与汝争功；尔唯不伐，天下莫与汝争能。

以齐桓公之盛业，九合诸侯，一匡天下，

葵丘之会，微有振矜，而叔孙九国叛之。

故曰行百里者半九十里，言晚节末路

之难也。从古至今，暨我高祖、太宗已来，

未有行此而不理，废此而不乱者也。

前者菩提寺行香，仆射指麾宰相与两省台省已下

常参官并为一行坐，鱼开府及仆射率诸军将为一行坐。

如鱼军容阶虽开府，官即监门将军，朝廷列位，

自有次叙，但以功绩既高，恩泽莫二，

出入王命，众人不敢为比，不可令居百寮之

上。凡百寮之中，有威权可以慑众者，

如御史台，众尊知礼，横安一位，

使仆射与军容对坐，

元不闻宰相，百寮共尊

和之礼数乎。何必横座

宰相与军容对坐。

军容若来，亦须别设一榻使

军容坐，仆射坐，

史鱼寮共，浮晖仰

土则宣传之，如以横座，礼数何以加焉。

故三公上令天下起敬，

若一一欲令居坐，

使仆射与军容等坐，

不亦辱乎。

又作偏坐，

老三太尉，仆射与军容等，

仆射指麾宰相张目见尤，于众坐中完毁

不逞使付为

工作也（以下残）

朱元昊墓志

《朱元昊墓志》2001年3月于西安市纺织城南高家沟村出土，全称《大唐故中大夫行盛王府咨议直集贤院朱府君墓志铭并序》，唐天宝十一载（752）刻。此碑为青石质。志盖高、宽均58厘米。志盖阴刻"大唐故朱府君墓志铭"，3行，悬针体篆书。志文26行，满行26字，隶书。于休烈撰文，张芬书并篆盖。

墓主朱元昊是唐代的一名御书手。所谓御书手，就是在唐代政府部门中供职的一批专司典籍文书抄录工作的专业缮写人员。他们通常是因为工于书法而被国家雇用，从此踏上了以翰墨为伴的职业旅程。这其中有很多人也许终其一生从事缮写工作，然而年复一年程式化的书写，很难使他们在书法上有所造诣，因而在星光熠熠的唐代书坛中鲜有留名者。所以，《朱元昊墓志》的发现就显得意义非凡，它让我们得以走近一位唐代优秀御书手的生活，去寻迹他五十多年的人生历程。

朱元昊出生于河南一户普通的官宦之家，曾祖和祖父均做过官，而他的父亲则一生未仕，只获得一个大宁郡太守的赠官。朱元昊自幼聪敏，尤精翰墨，这一特长使他在十九岁时获得了丽正殿御书手的职位。丽正殿全称丽正殿书院，为开元七年（719）玄宗皇帝在东都洛阳设置的专门撰集修订图书典籍的机构。开元十三年（725）改名为集贤殿书院，简称集贤院。丽正殿设置之初，玄宗皇帝亲自选拔了一百位御书手负责文章经籍的抄录工作，年轻的朱元昊有幸成为其中一员。不过御书手仅仅算是一份职业，并没有官阶品级，而日常工作也都是枯燥的抄抄写写。很多御书手一生顶多能谋得个芝麻小官的职位。但朱元昊不同，他从

朱元昊墓志盖拓片

十九岁开始担任御书手，经过三十多年的努力，最终官至五品盛王府咨议、散官四品中大夫。一个既无家世背景可仰仗，又没有参与科举考试的青年，仅凭借一己之长而跻身于中层文官之列，这在英雄且论出身的唐代是非常不易的。志文中一连串升迁官职的罗列又岂能道尽其中的酸苦，好在冷暖自知的人生，总有翰墨相伴。朱元昊以御书手的身份进入集贤院后，不管官职如何迁转，始终三十年如一日地从事着最基础的缮写工作。这当是一种以不变应万变的人生态度，其坚韧、勤勉的个性自不待言，可谓"自卑位不离于书府，通贵名列于王门"。

志文的撰者于休烈，是太宗、高宗时名臣于志宁的曾孙，他承曾祖的衣钵，历玄宗、肃宗、代宗三帝，均为文职官员。撰此文时于休烈初任集贤院直学士，他作为朱元昊的同僚而撰写了这篇志文。

书者张芬，时任朝议大夫、翰林院供奉等职。翰林院供奉的职责之一是协助集贤院学士分掌制诏书敕，在日常工作中与集贤院多有交集。因此，张芬为一位逝去的同事书写墓志也在情理之中。明《书史会要》中记载，张芬"善草书，吕

朱元昊墓志拓片

总谓如孤松耸身，弱草垂露"。今观此墓志，让我们看到了张芬于草书之外还善写工整秀丽的八分书。志盖上的九个题字则以悬针篆书写就。其竖画落笔尖细而中间略宽，形似柳叶，故又称柳叶篆。细看张芬所书悬针之笔，颇有"弱草垂露"的意味。

大唐故中大夫行盛王府諮議直集賢

朝議散大夫夫守怨居舍人集賢

朝議大夫守壽王府

維天寶十一載歲次壬辰閏三月代電

府諮議直集賢院朱公長逝於京安

曰出葬議于咸寧縣白鹿原之西銘明

己來莫之育改公諱元昊字元昊河南

先也曾祖廣隨河南府諱元昊府河南

之秩尚煙美本祖拯東海郡東海縣令

朱元昊墓志拓片（局部）

南川县主墓志

　　《南川县主墓志》刊刻于唐天宝十一载（752）。志石呈正方形，高、宽均61厘米。志文21行，满行23字，楷书。赵楚宾撰，韩择木书。

　　志主南川县主为唐玄宗李隆基的第四子棣王李琰之第五女，其聪明过人、知书达理。她十八岁时卒于兴宁里的十王院，葬于唐都长安京兆府咸宁县之白鹿原。

　　书者韩择木，唐代著名书法家，昌黎（今河北通州）人，生于武则天长寿年间（692—694），是韩愈的叔父。他出身国子监太学士，唐玄宗开元时官至礼部尚书、太子少保、集贤院学士副知院事。广德元年（763）致仕退隐田园，约卒于大历初年（766—768）。因开元年间曾任右散骑常侍，故人称"韩常侍"。他还先后担任太子、诸王侍书达十多年之久，是供职于皇室的一位资深书法老师。他曾与颜真卿交游，与徐浩在集贤院共事，与史惟则也有往来。

　　韩择木以隶书驰名盛唐，书法严正清劲，尤擅长八分书，书法风流闲媚，更领一代隶书风骚。当时天下树碑立传，书丹部分以求得韩择木隶书为首选。其石刻存世较多，主要有《告华岳文》《叶慧明碑》《荐福寺临坛大戒德律师碑》等。其中，《荥阳王妃朱氏墓志》以楷书书体写就，笔法清劲，笔体可爱；《告华岳文》，全称《祭西岳神告文碑》，通篇端庄、严谨，细部有闪动、活泼、灵动之感。

　　韩氏一门均以善隶书而名，韩择木子秀实、秀弼、秀荣在唐代书坛并享盛名，其书法清劲秀雅，有汉隶之遗绪。长子秀实书写的名碑有《平蛮颂》《舜庙碑》

《李光进碑》《马璘新庙碑》等。次子秀弼书丹的名碑有《臧希晏碑》《李自正碑》《李元谅碑》等。秀荣书写的碑志存世的较少，贞元间曾以隶书书写《畅悦碑》《郑叔清碑》。

　　《南川县主墓志》是韩择木鲜见的楷书碑志，书写工整，书体秀丽，可见其楷书功力亦很深厚。这方墓志为了解韩择木的书法全貌，提供了重要的资料。

大唐贈南川縣主墓誌銘并序

太子侍讀兼侍父章朝請大夫守國子司業臣趙楚賓奉　敕撰

太子及諸王侍書中散大夫守國子司業臣韓擇木奉　敕書

皇帝之孫故棣王之第五女也生而的皪多而婉娟長而明敏成而威儀取諸禮風雅取諸詩稽古取乎書撝謙取于易冠笄諸儀故已紀孝因心師氏重其女史欽每其德秀女菜先凋青桐夏榮繁枝早落晴裛暮雨風卷朝雲生也女菜先凋珊瑚交體輯賞芝田翡翠擱於戴碧蘿春秀制英于京兆南川縣主終于興寧里之十王院享春秋十有八鳴呼哀哉縣主至少遊峯悟桐青桐府戒寧縣之白鹿厲禮也太妃韋氏愛鍾于下痛貫乎中鳳地白馬開而青為篤相女子妙辭方傳不朽頴朝陽之雛鶴失在陰之子既而母氏縈苦女子遒失萬古塵壤等呼銘一揮泉屬文之白鹿厲禮也彼聲用刊無娩麗人拂羽奔月淩波趨塵芙蓉媚水桃李禮春姿溫且惠術慎其身星津寶婆閫風瓊樹學比山成辭同河主王妃好禮左嬪儔賦降戾南川千年一遇南川婦德上宮暴則洞美既盈美嘉完塞同旋蘊籍辭禮溫刻敓言有章其儀不式絕跡蘭屺歸魂萬里香減碧煙琴埋綠綺夜臺無月寒泉積水我生不辰寘寘已矣

南川县主墓志拓片

殞朝陽之雛鶴失在陰之子既而青
銘一掩泉扃萬古塵壤嗚呼母氏縈
之聲用刊無媿之色也銘曰
彼美齊女艷逸麗人拂羽奔月淩波
春終溫且惠淮慎其身星津
成辭同河注王妃好禮左嬪能賦降
南爪婦德上宮暴則洵美既盈菜嘉
尅發言有章其儀不忒絕跡
煙琴埋綠綺夜臺無月寒泉積水我

太子侍讀兼侍父章朝請大夫守國子司業臣趙楚賓

太子及諸王侍書中散大夫守國子司業臣韓擇木

維天寶十一載歲次壬辰十一月甲

主終于興寧里之十王院享春秋十

皇帝之孫故棣王之第五女也生而

敏成而淑慎故威儀取諸禮風雅取

取于易浣為仁由己孝因心師氏

至少遊桑稻珊瑚交體輕賞芝田翡

女茉先凋青桐夏榮孫枝早落晴寒

断千字文

中国古代草书，在唐代达到了艺术高峰。其代表人物为张旭和怀素，二人并称"颠张狂素"。

张旭，字伯高，吴郡（今江苏苏州）人，官至金吾长史。他自幼工诗书，渐精晓楷法，并以草书驰名。其楷书功底深厚，西安碑林藏《郎官石柱记》可见其楷书之精严。其草书师承"二王"的今草、张芝的章草，并在此基础上形成了独具一格的"狂草"。张旭嗜酒，常酒后挥毫，所以其草书有"豪放不羁"之感。杜

甫《饮中八仙歌》诗云："张旭三杯草圣传，脱帽露顶王公前，挥毫落纸如云烟。"张旭草书如悬崖坠石、急雨旋风，纵观流畅自如、气象万千，展现出一派盛唐气象。唐文宗时，将张旭草书、李白诗歌、裴旻舞剑并称"三绝"。张旭传世的书法作品很少，西安碑林藏有三件，即《郎官石柱记》《断千字文》和《肚痛帖》。

关于《断千字文》，元骆天骧《类编长安志·石刻卷》在"唐张旭草书千字文"下，引《复古碑录》有"乾元二年二月八日旭书"的记载。宋元丰三年（1080），吕大防在知永兴军期间，据残存摹本将其刻石。此《断千字文》碑现残断为 6 块，仅剩 231 字，且狂肆难识。我们在观赏此帖时，实不必拘于内容的识读，只需感受从线条中流露出来的生命的律动和唐代狂草的风韵即可。

张旭的草书对后世的影响深远。比张旭稍晚的怀素、高闲等承袭了他的狂草风范，唐代著名的书法巨匠颜真卿是张旭的得意门生……张旭草书经历朝历代直至今日，仍是草书之圭臬。

张旭不但精通书法，还擅长七言绝句，《全唐诗》收录了六首，皆堪称精思妙想、意境深远之作。

断千字文拓片（局部）

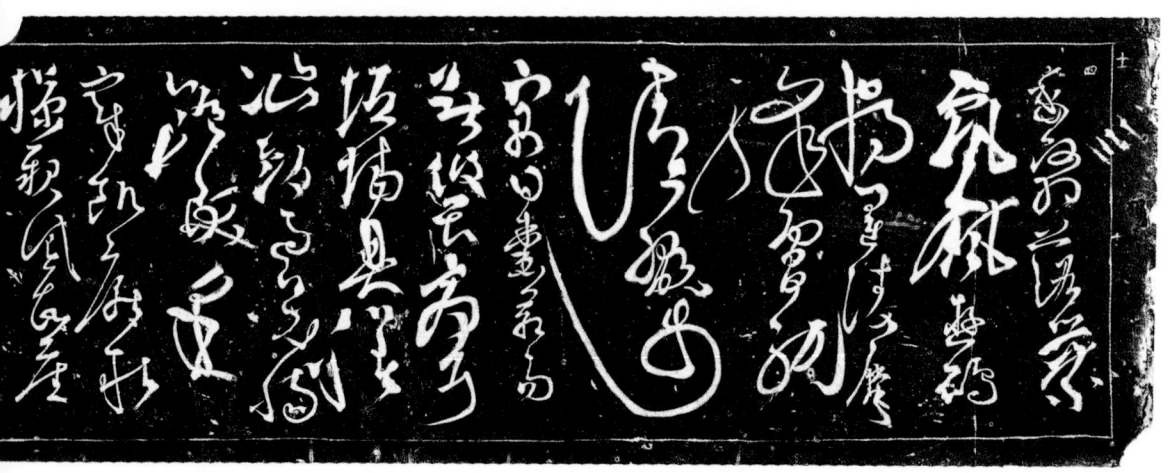

断千字文拓片（局部）

肚痛帖

　　《肚痛帖》于宋嘉祐三年（1058）摹刻上石。此帖为张旭所书，真迹不传，有宋刻本，明代重刻，现陈列于西安碑林。全帖共6行，30字，似是张旭肚痛时自诊的一纸医案。文曰："忽肚痛不可堪，不知是冷热所致，欲服大黄汤，冷热俱有益。如何为计，非临床。"这幅作品开头的三个字，写得还比较规正，字与字之间不相连接。从第四字开始，便每行一笔到底，上下映带，缠绵相连，越写越快，越写越狂，越写越奇，意象迭出，颠味十足，将草书的情境表现、发挥到了极致。可以看出，张旭这种纵横豪放的情怀、张扬恣肆的宣泄、泰山压顶般的气势和变幻莫测的态势，在奋笔疾书的狂草中横空出世，让观者惊心动魄。

　　事实上，张旭在学习书法时就是靠多观察客观事物，从生活中获取灵感，进而丰富自己的艺术构思的。他还擅于把自己的主观感觉倾注笔端，做到笔未落而意先足，书虽尽而心相连。

　　《肚痛帖》是张旭的代表作，也是其狂放、大胆书风的代表。其字如飞瀑奔泻，时而浓墨粗笔，沉稳遒迈，时而细笔如丝，连绵直下，通篇气势连贯、浑然天成。在粗与细、轻与重、虚与实、断与连、疏与密、开与合、狂与正之间回环往复，将诸多矛盾不可思议地合而为一，如此和谐一致，展现出一种气韵生动、生机勃勃、波澜壮阔的艺术美感。尤其此帖呈现出的天马行空的胸襟与气质，处处体现着作者创作时的艺术冲动和无拘无束。清代学者张廷济认为张旭的《肚痛帖》和怀素的《圣母帖》是草书的顶峰之作。

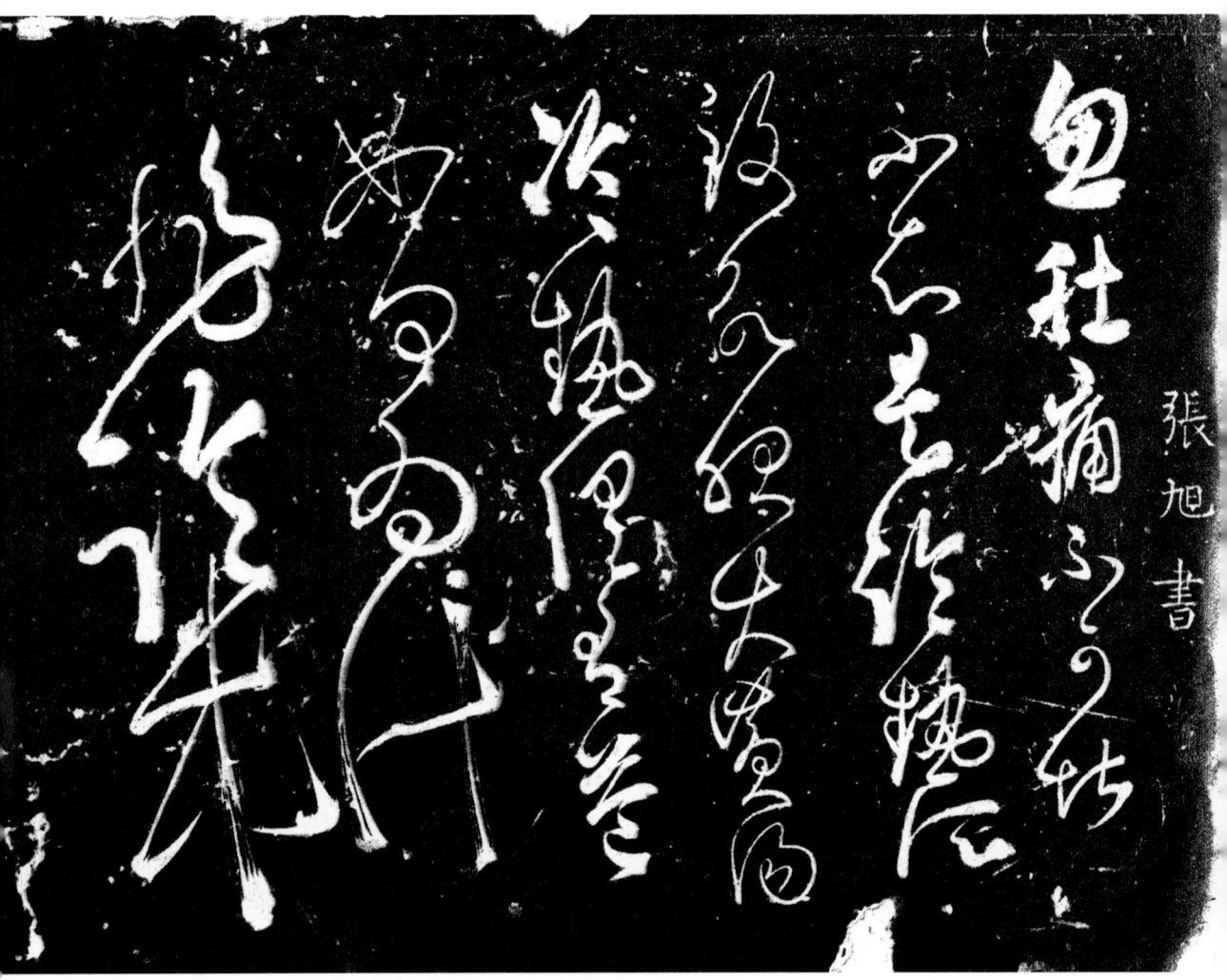

肚痛帖

　　在《肚痛帖》中，可以明显看出张旭受"二王"书风的影响。其忽行忽草、忽浓忽淡，而无论是行与草、浓与淡的转换和变幻，还是断连停止，都很有王羲之书牍的意味。这是张旭对传统规范严格继承的典型例证。而张旭的创新，则主要表现在对狂草的发扬。他把当时流行的今草书体，发展成为笔法放纵、笔势迅疾、连绵回绕、字形结构简省、大小参错、诡奇多变的狂草书体。可以说，他以简单、抽象的线条，编织出一幅幅绚丽多彩、雄伟壮阔的画卷。